MÉMOIRES SECRETS

SUR LA VIE

DE M. CLÉMENT,

ÉVÊQUE DE VERSAILLES,

Pour servir d'Éclaircissement à l'HISTOIRE
ECCLÉSIASTIQUE du 18ᵉ. Siècle.

par Ch. - Jos. Saillant

A PARIS,

Chez SAVOYE, Libraire, rue S. Jacques, Nᵒ. 19.

1812.

« L'Église aura un jour à se défendre contre une armée
» d'ennemis de Dieu, de J. C. et de son Evangile. Ces
» hommes enflés de leur puissance, déclareront la guerre au
» peuple de Dieu. Ils formeront le dessein impie d'élever
» dans l'Eglise un culte idolâtre sur les ruines de l'ancien
» culte. Mais après de rudes épreuves et bien des souffrances,
» lorsque l'Eglise paroîtra sans aucune ressource, Dieu viendra
» à son secours et pour faire éclater sa toute-puissance, il
» n'employera à son œuvre que des instrumens foibles par
» eux-mêmes, mais qui devenus forts par l'humilité, la péni-
» tence et la prière, releveront le courage des fidèles... »

Mesenguy. sur Judith, ch. v. *Anc. Test.* tom. 9.
p. 323, *éd.* 1776.

VIE

De M. Aug. Jean-Charles CLÉMENT.

I. Augustin Jean-Charles Clément naquit le 8 septembre 1717, d'Alexandre-Julien Clément, et de Henriette-Catherine Gaudin ; ces respectables parens voulurent communiquer à leurs enfans par une éducation chrétienne, l'esprit de piété dont ils étoient eux-mêmes remplis ; ils leur donnèrent pour précepteur M. Riolet, savant Ecclésiastique dont la douceur, la charité, l'urbanité, l'humilité et l'attachement à la vérité passèrent dans le cœur de ses quatre élèves, Augustin J. C. Clément, et ses trois frères.

Après ses humanités, Augustin Clément passa aux études de droit, dont il a tiré de grands avantages dans toute la suite de sa vie, non-seulement pour connoître à fond le droit canonique, les lois de la discipline, les lois, les usages et l'esprit de l'Eglise dans tous les siècles, mais aussi pour traiter méthodiquement, avec précision et avec justesse les questions importantes ; pour conduire avec fermeté et avec hardiesse les affaires litigieuses, attaquer et poursuivre les ennemis de la vérité, opposer lui-même une vigoureuse défense à ses accusateurs devant les tribunaux, et entraîner par son érudition, par la force de ses raisons, par la douceur d'une éloquence vraiment chrétienne, l'estime, la bienveillance, l'admiration de ses juges, qui lui étoient le plus opposés avant de l'avoir entendu.

Mais, comme il est difficile de réunir toutes les qualités, il paroît que son goût vif, actif, pénétrant pour les études sérieuses, lui avoit fait trop négliger les ornemens de la littérature. On pouvoit dire de lui

A

ce que le chef de l'Eglise S. Pierre disoit de l'Apôtre des Gentils, que ses écrits étoient dans certains endroits, obscurs et difficiles à entendre. M. Clément avoit l'imagination très-vive; c'étoit ordinairement pendant la nuit que ses idées acquéroient un nouveau degré d'exaltation, et à peine levé, il les couchoit sur le papier, et souvent les envoyoit aussi-tôt à la presse avant qu'elles eussent la maturité et le développement qui eussent été nécessaires. Fortement pénétré de ses idées, il se persuadoit facilement que tout le monde les saisissoit aussi bien que lui, et ne se donnoit pas la peine de les éclaircir, soit par des expressions propres, soit par des amplifications proportionnées au génie de la langue françoise. Lorsqu'on lui faisoit des observations sur son style, il opposoit à ce génie de la langue françoise, celui des Italiens, parmi lesquels il avoit long-tems vécu, et qui, disoit-il, aiment dans les écrits, qu'il y ait à penser, et à exercer la sagacité du lecteur. Il n'en est pas moins vrai que ses écrits qui ont été très-nombreux, ont perdu beaucoup de leur mérite, pour n'avoir point été suffisamment polis, et n'ont pas produit tous les effets qu'il eût desirés.

Au reste, il n'en étoit pas de sa conversation comme de ses écrits: quand il rencontroit des personnes de confiance, car il avoit un singulier discernement des esprits, il ne se lassoit pas de les entretenir des journées entières, et on éprouvoit un plaisir admirable à l'entendre. On étoit enchanté de son urbanité, de sa douceur, de son humilité. On se sentoit le cœur embrâsé par l'amour, la fermeté et le courage qu'il inspiroit pour la vérité; l'esprit étoit ravi de la beauté, de la solidité, de l'enchaînement de ses principes. On étoit comme entraîné par un fleuve d'érudition dans laquelle on voyoit rouler successivement les anciens faits de l'Eglise, les Canons, les décisions des Péres et des souverains Pontifes, et rapprocher les faits récens et les questions nouvelles sur lesquels il rapportoit les discussions des plus célèbres Théologiens de nos jours, avec une telle netteté, qu'on croyoit les voir assister à la conversation.

Tendre enfant de l'Eglise, il aimoit éperdument cette sainte mère, gémissoit de ses pertes, se réjouissoit de ses gains, étoit disposé à tout sacrifier pour elle, et combien de fois n'a-t-il pas exprimé le desir de mourir pour sa défense. Avec cette disposition de martyr, il ne craignoit rien, il ne se rebutoit de rien, s'avançoit avec fermeté, sans jamais reculer, et aspiroit même comme après un bonheur digne d'un Ministre de Jésus-Christ et de l'Eglise, à comparoître devant les tribunaux, afin d'y faire triompher la vérité. Il aimoit tellement l'Eglise, que comme un autre Paul il portoit dans son cœur toutes les Eglises, et entretenoit une correspondance continuelle avec celles d'Italie, d'Espagne, de Portugal, d'Allemagne, des Pays-Bas, etc.; et son zèle actif et infatigable pénétroit en quelque sorte jusqu'aux extrémités de l'univers.

De cet amour pour l'Eglise, rejaillissoit un attachement inviolable pour le Siége de Rome, comme centre de l'unité, et un tel respect pour la personne même des souverains Pontifes, qu'il cherchoit à les défendre de l'inculpation odieuse d'être auteurs de certaines bulles qui les déshonoroient, et rejettoit tout sur la cour de Rome bien différente du Siége de Rome, et sur une société qui en dirigeoit les principales démarches; pour soutenir cette cause en faveur des souverains Pontifes, il avoit accueilli toutes leurs déclarations particulières d'attachement, persévérant à la doctrine de St. Augustin: ce qui lui sembloit démontrer que l'erreur leur avoit été attribuée, et qu'elle avoit paru sous leur nom plutôt qu'elle n'étoit sortie de leurs entrailles.

A 2

Cet attachement de M. Clément pour le Saint Siége ne l'aveugloit pas sur les prétentions de la cour de Rome, contraires aux droits des souverains, aux libertés de l'Eglise Gallicane, et à l'enseignement constant de la religion catholique, il étoit chrétien et vrai chrétien : c'est tout dire, et dès lors le respect envers les autorités constituées, l'obéissance et la fidélité étoient pour lui des devoirs sacrés, non-seulement dictés par la crainte ou par la politique, mais inspirés par la conscience, et commandés par la loi de Dieu particulièrement dans les écrits de St. Pierre et St. Paul, les premiers chefs et fondateurs de l'Eglise de Rome.

Aussi quelque hardies que fussent quelquefois ses entreprises publiques, quand il étoit nécessaire, il ne les a jamais mises à exécution qu'il ne les ait communiquées à la puissance publique, se montrant toujours à visage découvert, ne desirant que son devoir et ne craignant que la lâcheté à le remplir, mais toujours dans l'ordre, et avec les égards que Dieu même commande.

Il savoit allier les témoignages du respect, et de l'honnêteté envers les puissans du siècle, avec la majesté et la dignité qui convenoient à son caractère. Il parloit de la loi de Dieu sans en rougir, aux princes, aux grands, à toutes les autorités, et même aux soldatesques armées contre lui. Attentif à ne jamais blesser les droits des souverains temporels, il savoit aussi avec douceur et politesse, mais en même tems avec fermeté, et avec des raisons convainquantes, leur en marquer les limites, leur montrer en quoi ils pouvoient les outre-passer, et avoit le talent, même dans les tems les plus orageux, de ramener à l'ordre ceux qui s'en écartoient.

On n'eut jamais pensé qu'une si grande ame fut cachée sous un extérieur si foible et si délicat, et une telle élévation de sentiment, sous la plus profonde humilité.

Cette vertu, jointe à une grande foiblesse de poitrine, ne lui permettoit pas de parler publiquement en chaire ; mais c'étoit un autre homme dès qu'il s'agissoit de défendre la vérité, même en présence des tribunaux. Il sembloit alors avoir la force d'un lion.

Affable envers ses amis, doux et même habile à se rabaisser au-dessous de ceux qui le consultoient, il étoit plein de zèle et de sévérité contre les violateurs des lois divines et humaines, et les réprimoit avec force ; mais jamais son zèle ne se tourna en aigreur. Il aimoit sincèrement ses plus ardens adversaires, il étoit toujours disposé à leur prêter des intentions favorables, et leur ouvroit tous les moyens de rapprochement et de conciliation qui pouvoient être conformes à la justice.

Son grand principe de conduite étoit de ne voir que la loi de Dieu, et de suivre ses volontés, sans aucune crainte, conjecture, prévoyance et considération humaine ; il se proposoit pour modèle le saint Patriarche Abraham, et s'appliquoit à lui-même cette parole que Dieu adressa au père des croyans, *marche devant moi et sois parfait.* Il ne s'arrêtoit point aux moyens humains, et ne considéroit que la toute-puissance de Dieu, quand il se croyoit assuré de connoître sa volonté, et c'est ce qui l'a fait réussir dans plusieurs entreprises où les hommes ne voyoient que témérité et imprudence. Les obstacles même redoubloient son courage, son attachement à la vérité, et sa confiance en Dieu.

Avec la foi d'Abraham il possédoit le détachement de ce saint Patriarche. Toute la terre lui paroissoit un lieu d'exil, et toutes les habitations ici-bas comme des tentes de voyageurs. Aussi l'a-t-on souvent accusé d'inconstance, parce qu'il étoit rare qu'il habitât très-long-tems le même séjour. Il ne tenoit à rien, et partout où il se croyoit appellé de Dieu, il quittoit son domicile comme on plie une tente, et en prenoit un autre, où il ne restoit qu'un tems proportionué aux affaires qui l'y avoient attiré.

Il ne tenoit pas plus à ses biens qu'à ses domiciles. Sa maison étoit toujours ouverte à ses amis, même en son absence. Dans une occasion on l'a vu quitter un pays et vendre la maison qu'il y possédoit, parce qu'il avoit consommé tout son revenu, et qu'il n'étoit plus en état de continuer la charité et l'hospitalité qu'il y exerçoit. La vie sobre et pénitente qu'il a toujours menée, lui facilitoit le moyen de faire des aumônes et de pratiquer toute sorte de bonnes œuvres.

Après avoir esquissé le portrait de M. Clément, venons aux particularités de sa vie.

II. M. Clément se croyant appellé à l'état ecclésiastique, reçut la tonsure parmi les clercs de la Paroisse St. Germain, sans être obligé de signer le formulaire, parce que M. Martin, secrétaire de M. de Vintimille, et qui étoit à la tête des clercs, n'exigeoit point rigoureusement cette signature.

Mais quand il fut question du sous-diaconat, M. de Vintimille ne voulut point l'y admettre. M. de Soanen, Évêque de Senez, pour consoler notre jeune clerc, lui adressa la lettre suivante, du 12 fév. 1740.

« Je vous estime heureux, mon très-cher fils, de
» ce que vous avez été jugé digne de souffrir quel-
» qu'opprobre pour le nom de J. C. La porte du
» sanctuaire est aujourd'hui ouverte à tout le monde.
» Est fait Prêtre qui veut, comme sous Jéroboam.
» L'ignorance et l'ambition frayent la voie au Sacer-
» doce. La piété seule et l'amour de la vérité en ferment
» l'entrée. A quel siècle, bon Dieu ! nous avez-vous
» réservés ? L'Église n'a plus la liberté de choisir
» ses Ministres. L'honneur de la servir est devenu

» le prix de la prévarication, et d'une obéissance
» aveugle. O tems! ô mœurs! ô corruption trop com-
» mune! Le sel même est affadi, il n'en sort presque plus
» qu'une odeur de mort. Ces maux dignes de larmes
» doivent, Monsieur, exciter vos gémissemens, sans
» que l'injuste refus que l'on vous fait de vous conférer
» la tonsure, puisse vous faire rien conclure contre
» votre vocation à l'état ecclésiastique. Le caprice
» de certains hommes ne sauroit être l'interprète de
» la volonté de Dieu. Il a ses momens. Heureux qui
» sait les discerner, et les attendre en patience. Ses
» délais doivent vous servir, mon très-cher fils, à vous
» rendre plus digne d'un état dont la sainteté de-
» manderoit une piété consommée, et les qualités
» les plus sublimes; je suis charmé que vous dirigiez
» vos études du côté qui peut vous rendre plus utile à
» l'Eglise. Votre vocation, si elle a lieu, doit vous
» trouver tout disposé à vous consacrer totalement
» à son service, et vous vous écarteriez de ce plan
» si vous le perdiez de vue. Qu'importe d'ailleurs
» quelle place on occupe, si avec le zèle de la vérité
» on a reçu les talens de la défendre, et le bonheur
» de la confesser par les souffrances et par la pratique
» de la vertu? *Lett. 1567. tom. 2. in-4°. pag. 744.* »

[1744.] III. M. Clément, repoussé des ordres par M.
de Vintimille, fut accueilli par M. de Caylus, Evêque
d'Auxerre. Nommé Chanoine de l'Eglise Cathédrale
de St. Etienne d'Auxerre, le 17 décembre 1741, il
fut ordonné, sous ce titre, Sous-Diacre le 21 septembre
1743; Diacre le 4 Avril 1744; et Prêtre le 19
Septembre 1744.

Peu après son ordination il fit un voyage à Tours
pour conférer avec M. Chauvereau, l'un des Chanoines
de la Cathédrale, sur ce qu'il convenoit de faire
pour la défense de la Doctrine de l'Eglise, et en
particulier contre les erreurs insérées dans le livre

du Père Pichon, Jésuite, et l'on vit paroître en 1749 *l'ordonnance* de M. de Caylus *contre la morale reláchée*, ordonnance qui fut bientôt soutenue et confirmée par celles de plusieurs autres Evêques de France.

Les années suivantes présentent peu de faits mémorables de M. Clément, si ce n'est le zèle qu'il mit en qualité de trésorier de l'Eglise d'Auxerre, à vérifier et à faire constater les reliques de St. Germain, Evêque d'Auxerre, spoliées et jettées par terre en 1569, par les Calvinistes, et retrouvées en 1717. M. Clément écrivit à ce sujet sept lettres en réponses à six lettres de D. Vidal qui nioit l'authenticité des reliques. La mort de M. de Caylus arrêta le cours de ce procès, et empêcha qu'il ne fût terminé.

[1754.] Ce fut le 3 Avril 1754, que mourut ce Prélat. Le Chapitre avoit nommé M. Clément pour lui administrer le saint Viatique. Après la récitation du Symbole, il dit au pieux moribond que ce Symbole renfermoit en substance les grandes vérités qu'il avoit défendues avec tant de zèle et de courage, la toute-puissance de Dieu sur le cœur de l'homme, la gratuité de la grace, l'étendue du précepte de la charité, la sainteté nécessaire pour la participation aux Sacremens, et qu'il avoit mis toutes ces vérités à couvert par son appel, que cet appel avoit fait la consolation de toute l'Eglise, et conservé la virginité de celle d'Auxerre, qu'il persévéroit sans doute jusqu'à la fin dans ces précieux sentimens. L'illustre malade répondit qu'oui, et que c'étoit assurément de tout son cœur. On l'aida pour la récitation du *Te-Deum*, et il se répandit tout haut en actions de graces très-vives; peu après il entra en agonie et passa au repos éternel.

M. Clément fit son rapport au Chapitre, qui après l'avoir remercié et admiré sa conduite et sa fermeté dans une circonstance aussi délicate, ordonna que ce rapport seroit inscrit en entier sur son registre.

IV. Après la mort de M. de Caylus, M. Clément dirigea avec quelques Chanoines la conduite du Chapitre, et on publia un très-beau Mandement qui annonçoit la mort du respectable Prélat, et l'admi-nistration du Diocèse par le Chapitre. Il fut nommé par le Chapitre Président de la Chambre Ecclésias-tique, et il prit une ferme résolution de faire tout ce qui seroit nécessaire ou utile pour la conservation de la Doctrine de l'Eglise.

Pour commencer à l'exécuter, il fit la recherche d'un projet de Mandement contre la 5e. partie du livre de Berruyer que M. de Caylus avoit confiée à plusieurs habiles Théologiens: il en découvrit un, et le fit imprimer à ses frais ; il eut desiré que le Chapitre l'adoptât et le fît publier en son nom : mais il éprouva des obstacles à cause du crédit énorme des Jésuites. Alors il envoya cet écrit à Rome où il commençoit à entretenir des correspondances avec plusieurs Car-dinaux. L'ouvrage fut mis sur le bureau du saint Office, et donna lieu au Bref du Pape Clément XIII. du 2 Décembre 1758, qui condamne la 5e. partie du livre de Berruyer; Bref où le Pape déclare que la publi-cation de cette troisième partie du livre de Berruyer a mis le comble au scandale, *scandali mensuram implevit.*

[1755.] V. Au mois d'Avril 1755, M. Clément fut Député par le Clergé du Diocèse d'Auxerre à l'assemblée provinciale de Sens. C'étoit alors M. de Condorcet qui gouvernoit l'Eglise d'Auxerre depuis la mort de M. de Caylus, et qui manifestoit contre son Chapitre autant de mépris, de désunion et de schisme que M. de Caylus lui avoit témoigné d'es-time, d'union et de concorde. La science et la vertu de ces pieux Chanoines étoient tellement en horreur à M. de Condorcet, que leur présence seule au chœur, de sa Cathédrale, l'en avoit jusqu'alors toujours écarté. Cependant il invita le Député au repas qui devoit précéder le départ des membres de l'assemblée. M. Clément, par bienséance, ne crut pas devoir s'y refuser à cause de la circonstance : mais il déclara à son Evêque avec honnêteté et avec fermeté, qu'il se déshonoreroit lui-même si dorénavant il acceptoit l'honneur qu'il lui faisoit, tant qu'il vivroit avec son Chapitre d'une manière aussi peu épiscopale.

Le 5 Avril on arriva à Sens. M. Clément fut invité chez M. de Luines, Archevêque de Sens. Pendant le souper, le Prélat déclâma fortement contre ceux qu'il appelloit Jansénistes. M. Clément garda un profond silence, et se réserva pour la conduite qu'il auroit à tenir le lendemain, jour de l'assemblée.

Il commença par s'assurer auprès du Doyen de Sens, de l'usage où étoient les assemblées provinciales, de prier pour le repos de l'ame des Evêques de la province, décédés depuis lá dernière assemblée : il lui déclara donc que si l'on prioit pour M. Languet, Archevêque de Sens, mort depuis peu, on ne pouvoit refuser de le faire pour M. de Caylus, Evêque d'Auxerre, et qu'il en faisoit la demande formellement au nom de son Chapitre. M. le Doyen s'acquitta de sa commission. Grand débat entre les Evêques. M. de Condorcet fut le plus vif à s'opposer à ce qu'on priât pour son prédécesseur, le saint Evêque de Caylus. Quel fut le résultat d'une dispute aussi scandaleuse entre des Evêques les premiers ministres de la charité de J. C.! Ne devoient-ils pas être tous animés de l'esprit de paix, d'union et de cette piété envers les morts que l'humanité seule commande. Mais non, l'esprit de schisme éteint jusqu'au souvenir des devoirs les plus sacrés, et un zèle aveugle et fanatique poursuit jusqu'après leur décès les plus illustres personnages. On refusa de prier pour l'un ni pour l'autre.

Le lendemain l'assemblée commence par le *Veni Creator*, et d'après le complot formé, on omit la prière d'usage pour les Prélats morts depuis la dernière assemblée.

M. de Luines, Archevêque de Sens, en qualité de Métropolitain, ouvrit l'assemblée, et proposa les objets qui devoient l'occuper. Le plus important, selon lui, et celui sur lequel il s'étendit le plus, fut la conservation des immunités, et des droits même spirituels de l'Eglise.

Or, qu'entendoit-il par ces droits spirituels de l'Eglise ? On sait que toute la France étoit en combustion depuis 1650, par le formulaire contre Jansenius, et particulièrement depuis 1713, (sur-tout depuis 1730) par la Bulle *Unigenitus*, qui présentoit l'abjuration des vérités les plus précieuses enseignées par tous les Pères, et par toute l'Eglise, et répétées par le P. Quesnel ; sur la toute-puissance de la grace, sur la nécessité de l'amour de Dieu, sur les dispositions qu'exigent les Sacremens, sur la hiérarchie de l'Eglise, sur l'indépendance des souverains, etc., abjuration qu'il falloit prononcer pour être admis ou conservé dans le Clergé.

Au premier moment que parut la Bulle, il y eut une réclamation universelle de toute l'Eglise de France, qui étoit alors peuplée d'une multitude d'hommes savans et vertueux. Aussi rien ne fut épargné : Evêques, Congrégations, corps religieux de l'un et de l'autre sexe, Paroisses, Universités, Facultés de Théologie, Sorbonne : tout fut dévasté, dispersé, exilé, renversé, détruit. On n'avoit plus à vexer que les simples fidèles, et pour les forcer d'adorer l'idole, on imagina l'exaction des billets de confession, et les refus de Sacrement à la mort. Le Parlement resté seul au milieu de la dévastation universelle, opposa la barrière des lois à cette tyran-nique persécution. La société eût encore assez de crédit pour indisposer contre cette Cour le Roi dont elle soutenoit le trône et la personne, et dont elle défendoit les droits et l'autorité. Les Magistrats, la Cour toute entière fut plusieurs fois exilée, et rien ne sembloit pouvoir arrêter ce torrent dévastateur.

C'est dans ces circonstances critiques, que M. Clément osa seul tenir tête dans l'assemblée pro-vinciale de Sens, à plusieurs des chefs les plus puissans de cette ligue redoutable, et il eut le bonheur de remporter la victoire sans autres armes que la force de la vérité, et l'onction de l'urbanité et de l'hon-nêteté dont il assaisonnoit tous ses discours, vis-à-vis même de ses plus cruels ennemis. Voici le détail abrégé de ce qui se passa dans cette assemblée.

M. l'Archevêque de Sens voulant, disoit-il, re-lever les droits spirituels de l'Eglise, commença par exposer les principes de la distinction des deux puis-sances, ecclésiastique, et civile où politique, té-moignant avoir à cœur de conserver également les droits du Roi et ceux de l'Eglise, et avouant que depuis quelque tems on avoit excédé de part et d'autre, sans dissimuler que dans l'époque du mois de sep-tembre dernier, l'on avoit pris des précautions pour y remédier par la déclaration du 2 septembre de la présente année (a).

Mais le Prélat, remarquant aussi que c'étoit en dernier lieu contre la puissance spirituelle que s'é-

_____

(a) Par cette déclaration le Roi impose silence sur les ma-tières qui causent le trouble et la division, enjoint aux Par-lémens de tenir la main à ce que d'aucune part il ne soit rien fait, tenté et innové de contraire à ce silence, et à la paix, que Sa Majesté veut faire régner dans ses états, de pro-céder contre les contrevenans, conformément aux lois et ordonnances.

toient faites les principales incursions , fit part
à l'assemblée d'un nouvel arrêt du conseil reçu de
la veille, (*a*) par lequel le Roi venoit de casser
celui du Parlement du 18 mars dernier. C'est là que
M. de Sens imputant aux Parlemens, et sur-tout à celui
de Paris, d'avoir porté trop loin les prétentions de
la puissance temporelle, essaya de montrer que dans
le fait les Parlemens donnoient atteinte à la puissance
spirituelle, en voulant régler et décider les dispositions qui rendent digne ou indigne des Sacremens,
ce qui étoit évidemment, ajouta-t-il, mettre la
main à l'encensoir.

Le Prélat conclut à charger les Députés de sa
province de demander qu'il fût représenté au Roi
combien le Clergé voit avec douleur ces atteintes
portées aux pouvoirs les plus spirituels de l'Eglise,
dans les arrêts et arrêtés des Parlemens, notamment
dans ceux des 18 avril 1752 et 18 mars 1755 (*b*)

(*a*) Cet arrêté du Conseil avoit été mendié, et n'étoit revêtu
d'aucune des formes qui lui donnât autorité, et il étoit d'ailleurs incompatible avec la déclaration du 2 septembre pré-
cédent, signifié et enregistré au Parlement, et qui faisoit loi
dans tout le royaume.

(*b*) L'Arrêt du 18 avril 1752 fait défense à tous Ecclésiastiques de faire aucuns actes tendans au schisme, aucuns
refus publics de sacremens, sous prétexte de défaut de représentations de billet de confession, ou de déclaration du nom
du confesseur, ou d'acceptation de la Bulle *Unigenitus*, de
se servir dans leurs sermons à l'occasion de cette Bulle,
de termes de novateurs, hérétiques, et leur enjoint de se
conformer dans l'administration extérieure des sacremens,
aux canons et réglemens autorisés dans le royaume, à peine
d'être poursuivis comme perturbateurs du repos public.
L'Arrêt du 18 mars 1755 reçoit le Procureur - général
appellant comme d'abus de l'exécution de la bulle *unigenitus*,
notamment en ce qu'aucun Ecclésiastique prétendant lui
donner le caractère ou les effets de règle de foi, et fait droit
sur ledit appel disant y avoir abus, enjoint à tous Ecclésias-

du Parlement de Paris. Cet Archevêque ajouta que les interprétations données par les Parlemens à la déclaration du 2 septembre, tendoient à diminuer l'exercice du pouvoir des Evêques, et à anéantir l'autorité de la Bulle *Unigenitus,* devenue depuis si long-tems, disoit-il, un jugement dogmatique, irréformable de l'Eglise universelle. C'est pourquoi il croyoit que les Députés devoient s'unir de la manière la plus puissante aux vœux de l'assemblée générale, pour obtenir de la piété du Roi un nouvel appui pour cette Bulle, et pour la conservation de l'exercice des pouvoirs spirituels de l'Eglise.

Enfin M. de Sens proposa de faire parvenir jusqu'au Roi toute la douleur avec laquelle l'assemblée provinciale se voyoit privée de la présence de M. l'Evêque de Troyes, et l'injustice des traitemens qu'il avoit éprouvés depuis peu de la part du bailliage de sa ville épiscopale (*a*).

Les Evêques de Nevers et d'Auxerre présens, et l'abbé Gouant pour l'Evêque de Troyes, ainsi que les Députés des Clergés de Sens, Troyes et Nevers, accédèrent aux propositions faites par le président de l'assemblée. Pour le Député du Clergé d'Auxerre, M. Clément, après avoir applaudi à tout ce qu'il y avoit d'exact dans les principes généraux établis par le Métropolitain sur les bornes des deux puissances, commença, sur l'application qui en avoit été faite, par réclamer les droits de la sincérité chrétienne, de la conscience et de l'honneur, afin d'avoir la liberté d'exposer ses propres sentimens, et ceux

---

tiques de se renfermer à l'égard de ladite bulle, dans le silence général et absolu prescrit par la déclaration du 2 septembre dernier.

(*a*) Cet Evêque avoit été exilé depuis peu à cause de ses actes de schisme et de fanatisme.

du Clergé qu'il représentoit. Il déclara ensuite ne reconnoître autre chose dans la conduite des Parlemens, au sujet de la déclaration du 2 septembre, que la conservation fidèle des maximes du royaume. Il donna en preuve la connoissance personnelle que son éducation lui avoit procurée des maximes du Parlement de Paris, et l'expérience qu'il avoit, étant fils et frère de Conseillers audit Parlement, de ne les avoir jamais vus s'étendre jusqu'à enfreindre les droits sacrés de l'Eglise. Il témoigna en même-tems, que les droits de l'Eglise lui étoient devenus chers par état, et que feu M. de Caylus, Evêque d'Auxerre, lui avoit appris comment ces droits se concilioient facilement avec ceux du Roi, étant différens sans être opposés.

Il dit ensuite qu'il ne lui paroissoit pas que le Parlement de Paris empiétât en aucune sorte sur les droits de l'Eglise dans les affaires présentes, que cette cour n'avoit garde de décider des dispositions qui rendent digne, ou indigne des Sacremens, mais que, connoissant par les saints canons quels sont les caractères d'une loi de l'Eglise, elle jugeoit que la Bulle *Unigenitus* ne pouvoit être regardée comme ayant acquis ce dégré d'autorité, ni conséquemment celle d'une loi de l'état, et que par une conséquence non moins nécessaire, la protection du Roi étoit due à ceux de ses sujets à qui l'on ne refuse les Sacremens que sous prétexte de défaut de soumission à cette Bulle.

Par ces motifs exposés avec autant de modestie que de dignité, M. Clément déclara « protester au » nom de son Clergé, et s'opposer, tant aux repré- » sentations que l'assemblée provinciale entendoit » être portées au Roi sur la conduite des Parlemens, » qu'à l'autorité qu'elle projettoit de solliciter pour » la Bulle *Unigenitus*, adhérant du reste aux ins-

» tances du Clergé de la province auprès de S. M. sur
» la disgrace de M. l'Evêque de Troyes; » et il demanda acte de sa protestation, qui lui fut accordé et
délivré.

Il arrêtoit par ce moyen la délibération qui alloit
être prise, et l'assemblée devoit naturellement se
terminer par cette opération.

Mais M. de Sens voulut faire départir M. Clément
de son opposition, il y employa deux heures entières. Il opposa raisons à raisons, honnêtetés à honnêtetés, et tout ce que l'art oratoire put lui inspirer
de plus séduisant.

Il parla d'abord environ une demi-heure de suite,
d'un ton tout-à-la-fois d'aisance et d'autorité, faisant
valoir en faveur de la Bulle l'acceptation du moins
tacite, mais certaine, disoit-il, de toute l'Eglise,
celle de l'Eglise de France en particulier, le sceau
constamment et solemnellement mis, selon lui, à
ces acceptations par le Saint Siége (cinq Papes de suite,
qui l'ont confirmée,) la non-réclamation de toutes
les autres Eglises, enfin les enregistremens multipliés.
« Quel malheur, ajouta-t-il pour le parti qui a les
» yeux fermés, tellement fermés, qu'il ne peut les
» ouvrir à une si grande lumière! » Tout ce discours
fut prononcé avec une manière d'ouverture et de
bonté, qui invitoit à y répondre.

C'est ce que fit M. Clément avec politesse, modération et fermeté. Il dit, entr'autres choses, que personne n'étoit plus attaché, que ceux qu'il représentoit, à la voix de l'Eglise, quand elle parle et
qu'elle porte des *jugemens*; qu'il honoroit, entre
toutes les Eglises, celle de France, la partie, selon
M. Bossuet, la plus florissante de l'Eglise universelle,
qu'on ne pouvoit être plus attaché qu'il l'étoit per-
sonnellement au Saint Siége; mais que ses *jugemens*,
pour être infaillibles, doivent être acceptés par les
autres

autres Eglises ; que par rapport à la Bulle, on ne pouvoit trouver dans les différentes parties de l'Eglise aucune réunion de *jugement* qui fût réel, puisque la difficulté de l'admettre avoit donné lieu à tant d'interprétations différentes : que pour un *jugement* réel et sérieux il faut du moins un objet *jugé*, que cet objet, en ce qui concerne la foi, ne pouvoit être que quelque vérité révélée, qu'il n'y avoit point de *vérité révélée* qui fût distinctement l'objet de la Bulle, puisqu'on n'étoit point d'accord sur les vérités que la Bulle enseigne, ni sur les erreurs qu'elle proscrit ; (chacun entendant ou interprétant cette Bulle dans des sens opposés ou contraires :) que ce n'étoit pas simplement par le mot *j'accepte*, que l'Église forme ses *jugemens*, mais par *l'enseigne-ment* commun des mêmes *vérités révélées*: qu'il se trouvoit heureux de pouvoir sur cet article faire remarquer, dans une assemblée si respectable, que jamais on n'avoit pu et que jamais on ne pourroit convaincre le Clergé d'Auxerre, au nom duquel il parloit, de s'être écarté d'aucune des vérités révélées, et d'avoir donné dans aucune erreur. Par ménage-ment et par délicatesse il garda le silence sur ce qu'il auroit pu ajouter, principalement pour prouver que ceux-mêmes qui acceptoient la Bulle, continuoient d'enseigner et de professer la même doctrine que la Bulle semble condamner. Mais il eut l'adresse d'en faire peu après un argument *ad hominem* qui fut très-embarrassant pour l'un des trois Evêques.

Il termina sa réponse à M. l'Archevêque de Sens, en disant qu'à l'égard des enregistremens qu'il avoit allégués, ce n'étoit pas sans doute celui de 1714, ni celui de 1720, qu'il vouloit entendre (et les seuls, en effet, qu'il pût citer :) l'un et l'autre n'ayant été obtenus, quoiqu'à force ouverte, qu'avec des condi-tions qui n'avoient jamais été remplies.

B

M. l'Archevêque ne dédaigna pas de répliquer à
M. Clément. Il nia que l'acceptation de la Bulle
ne proposât point d'objet à la foi. Cette objection
qu'il traitoit de frivole avoit été réfutée selon lui
par l'instruction de 1714, qui avoit développé les
vérités enseignées, et l'erreur condamnée (a).

M. Clément répliqua qu'on pouvoit dire encore
aujourd'hui, à cet égard, ce que disoit, en 1716, M. Joli
de Fleury, alors Avocat général. « Comme si, disoit
» ce Magistrat, pour une acceptation il ne falloit
» pas que l'enseignement commun en justifiât la
» doctrine, qu'on la prêchât dans les Chaires et dans
» les Eglises, dans les Mandemens, et dans les
» Ecoles. » Or, ajouta M. Clément, c'est sur cette
doctrine qu'on n'a jamais pu être d'accord depuis
que la Bulle existe.

Au moins, reprit le Prélat, on ne pourra nier
que l'acceptation universelle de la Bulle n'ait pour
objet d'interdire un grand nombre d'expressions
qu'elle trouve mauvaises, objet dont l'Eglise a cer-

_____

(a) La Bulle fut donnée en 1715, mais sa présence seule
excita une indignation si universelle par toute la France, qu'il
fallut cacher sa difformité sous une sorte de vêtement. En
conséquence quarante Evêques dévoués la plupart aux Jésuites,
se réunirent pour faire une instruction dans laquelle on devoit expliquer dans quel sens les propositions étoient condamnées. Elles furent rangées en trois classes; les unes étoient
absolument les propres expressions des Pères de l'Eglise, on
n'osa pas y toucher, mais on insinua que leur venin étoit
manifeste. D'autres contenoient la vraie doctrine qu'on osa
affoiblir et altérer jusqu'à soutenir des erreurs visibles. Pour
les autres enfin, on leur attribua des sens forcés et contraires
à toute vraisemblance, en faisant dire au P. Quesnel, le contraire de ce qu'il avoit exprimé textuellement, pour avoir
occasion de lui prêter des intentions criminelles, ce qui fit
dire à l'un des Evêques de cette assemblée, que, si le parti
que l'on avoit pris avoit mis la foi à couvert, il n'y mettoit
pas au moins la bonne foi.

tainement droit de juger, puisqu'elle n'a pas fait autre chose au Concile de Nicée en fixant le terme de *consubstantiel*.

Grande différence, répondit M. Clément, entre une seule expression très-utilement fixée, comme celle de *consubstantiel*, pour exprimer un dogme décidé, et plus de cent phrases ou propositions supprimées, et censurées, dont plusieurs (pour ne pas dire toutes) ne sont, comme on est obligé de l'avouer, que le langage de la piété ! nul inconvénient à fixer d'une manière si simple le langage qui exprime la divinité de J. C. Quel inconvénient au contraire n'y auroit-il pas à abandonner le langage de la piété sur les objets les plus importans du dogme et de la morale? (Ce qu'on feroit en abandonnant les propositions condamnées par la Bulle.)

Le Président de l'assemblée se jettant ensuite sur les promesses faites à l'Eglise , « les principaux » écrits du parti, dit-il, prétendent que la Bulle » renverse la foi, le dogme et la morale. Où est » donc l'Eglise? Et comment un tel renversement » peut-il se concilier avec les promesses? »

M. Clément ne dissimula pas que l'acceptation apparente de la Bulle forme un des plus grands obscurcissemens qu'il y ait eus dans l'Eglise, mais il soutint en même-tems que la foi de l'Eglise , et les divines promesses n'en souffrent en aucune sorte, attendu, 1°. la nature des censures *in globo* qui ne déterminoit rien, n'y ayant que l'application qui en est faite par les auteurs de la Bulle, qui tende au renversement de la foi; 2°. parce que, malgré l'acceptation apparente de cette Bulle, il y a dans l'Eglise un enseignement contraire qui réclame, qui subsiste, et qui subsistera toujours. Les dogmes de la grace, par exemple, sont mis à couvert par le

Saint Siége dans l'affaire du Cardinal Noris (*a*). Et les
vérités de morale continuent d'être enseignées par le
Clergé de France, ainsi que l'a fait voir particulièrement l'instruction de M. de Rastignac, Archevêque
de Tours, sur la justice chrétienne, contre le P. Pichon; instruction universellement applaudie et contre
laquelle personne n'a réclamé, quoiqu'elle contienne
tous les principes de morale condamnés par la Bulle.

C'est à ce moment que M. Clément interpella un
des trois Evêques, et dit que les ressources de l'enseignement sont telles qu'il offroit de mettre son nom
au bas de la profession de foi de M. l'Evêque de
Nevers, (qui avoit su concilier une sorte d'acceptation de la Bulle avec une exacte profession de la
doctrine des SS. Pères, à laquelle étoit conforme
celle du P. Quesnel.)

Cette interpellation de M. Clément étoit pressante :
mais on n'y répondit pas directement; l'Archevêque
prétendit que c'étoit se jetter dans l'examen particulier
des Protestans fortement condamné par M. Nicole,
et l'Evêque de Nevers, adoptant cette pensée, exhorta
M. Clément à lire avec soin le traité de l'unité de
l'Eglise, de M. Nicole.

M. Clément répliqua qu'il avoit lu ce traité avec
beaucoup d'attention et depuis bien des années, qu'il
s'étoit toujours tenu étroitement aux principes de M.
Nicole sur l'examen particulier des dogmes, mais
que sur les décisions de l'Eglise, il falloit nécessai-

(*a*) Ce célèbre Auteur avoit soutenu la doctrine de Saint-
Augustin sur la grace, qu'on reproche au P. Quesnel, dans
deux ouvrages intitulés *L'Hérésie Pélagienne*, et *l'Histoire
du cinquième Concile œcuménique*. Il fut pareillement accusé avec outrance par les Jésuites, sous prétexte de baïanisme,
et de jansénisme, et défendu par le Pape Innocent XII, qui
l'honora du cardinalat, et après sa mort par le savant Pape
Benoit XIV.

rement distinguer entre la décision et le dogme décidé, et prouva d'une manière satisfaisante que si d'un côté l'on devoit se soumettre au dogme sans examen, dès qu'on étoit assuré que l'Eglise eût prononcé, de l'autre il étoit permis et nécessaire d'examiner la nature de ce que l'on dit être une décision de l'Eglise.

Alors M. de Nevers répondit à l'espèce d'apostrophe que M. Clément lui avoit faite, en disant qu'il n'y avoit guère lieu de croire qu'on se trouvât d'accord sur le fond de l'enseignement, et il cita la *grace suffisante*, sans faire attention qu'on ne pouvoit ranger parmi les dogmes de foi une pareille dispute de mots.

M. Clément, sans relever cette méprise, répondit qu'on seroit aisément d'accord de part et d'autre, si on s'attachoit au sens des Thomistes, qui enseignent que cette *grace* dite *suffisante* ne suffit pas.

On parla ensuite des dogmes très-réels de la grace, et de la prédestination, sur lesquels le Prélat renvoya encore M. Clément à l'ouvrage de Bellarmin.

Il répliqua qu'il ne l'avoit pas moins lu que le traité de l'unité de l'Eglise de M. Nicole, mais qu'au surplus, pour abréger, on seroit bientôt d'accord sur ces matières, quelque profondes qu'elles fussent, si l'on vouloit se renfermer à leur égard dans les points qui peuvent être seuls l'objet de la foi. Que l'un de ces points étoit que Dieu est tout-puissant dans les opérations de la grace, et l'autre que l'homme est pleinement libre sous l'opération de cette grace toute-puissante. Mais que le moyen de concilier ces deux vérités de foi, (moyen que les Jésuites, en cela plus habiles que l'Apôtre de la Grace, avoient prétendu trouver, et qu'on leur contestoit,) ne pouvoit être l'objet de la foi, puisqu'il n'y a, à cet égard, ni révélation ni décision.

Quoiqu'il fût déjà tard, M. de Sens reprit encore

la parole, et demanda à M. Clément quel seroit donc pour lui le moyen d'enseigner aux simples fidèles les vérités que touche la Bulle. La réponse fut simple : « le même qu'on employoit avant la Bulle. »

Le Prélat, qui paroissoit ne se pas lasser d'entendre M. Clément, exigea de lui qu'il expliquât comment il prouveroit au simple fidèle qu'on ne peut recevoir la Bulle.

Chacun, répondit M. Clément, peut avoir sur cela une méthode différente. Voici quelle seroit la mienne : je commencerois à faire remarquer à ce fidèle qu'on peut se sauver sans juger du P. Quesnel. Je lui dirois ensuite qu'avant tout il doit être instruit des vérités capitales de la religion, dont les plus essentielles sont le 1er. article du Symbole : Je crois en Dieu le Père tout-puissant, et le 1er. commandement : vous aimerez le Seigneur de tout votre cœur, de toute votre ame, de toutes vos forces. La foi d'une toute-puissance de Dieu sur nos ames dans les choses du salut, voilà pour les vérités de dogme ; l'obligation d'aimer Dieu par-dessus toutes choses, voilà pour les vérités de morale, (combattues par la Bulle.) Après quoi, ajouta-t-il, il seroit facile de persuader à ce fidèle que tout ce qu'on pourroit lui dire ou lui présenter de contraire à ces vérités de foi et d'évidence, il ne devoit ni le croire ni l'accepter.

M. l'Evêque d'Auxerre, qui n'avoit été jusque-là que simple auditeur de cette intéressante conversation, termina la séance en demandant au Député du Clergé de son Diocèse, si l'on peut se sauver en acceptant la Bulle. M. Clément, pressé de s'expliquer, répondit qu'il ne croyoit pas qu'on pût se sauver en tenant avec attache les propositions contradictoires de celles du P. Quesnel prises en elles-mêmes, et dans leur sens propre et naturel.

C'est ainsi que M. Clément, par sa fermeté, son honnêteté, sa modération et l'évidence de ses raisons, réduisit au silence ses redoutables adversaires, remporta sur eux une victoire complette, et les força d'admirer sa science et son talent. En effet, la veille M. l'Evêque d'Auxerre, témoin du silence que gardoit M. Clément aux attaques que lui livroit M. l'Archevêque de Sens, témoigna qu'il étoit peiné de ce que le Clergé d'Auxerre avoit nommé un Député sans sa participation, qu'au reste M. Clément étoit le plus mince sujet du Chapitre. Mais après l'assemblée dont nous venons de rendre compte, M. de Sens répliqua à M. de Condorcet que si M. Clément étoit le plus foible génie du Chapitre d'Auxerre, il le plaignoit véritablement d'avoir à faire à un Chapitre composé de pareils sujets.

VI. M. de Condorcet tint une conduite diamétralement opposée à celle de son illustre prédécesseur. Ses actes de schisme et de fanatisme furent si multipliés, qu'il s'attira une multitude de sentences du bailliage, d'arrêts du Parlement, plusieurs exils, et qu'enfin la Cour se vit obligée d'exiger sa démission en 1760, et de le transférer à un autre Evêché. M. Clément étoit très-instruit des loix, et par ses conseils et son crédit, il fut l'ame de toutes les démarches que l'on fit pour arrêter les ravages continuels de ce fougueux Prélat. Cependant on n'a aucun acte particulier de lui à ce sujet.

A M. de Condorcet succéda M. de Cicé, dont la conduite moins turbulente ne donna point d'occasion à M. Clément de faire éclater son zèle. Mais tout le bien opéré par M. de Caylus s'évanouissoit de jour en jour, et rien ne réparoit les pertes journalières de cette Eglise affligée.

VII. A la fin de 1761, elle en fit une bien sensible par la mort de M. Creusot, Curé de S. Loup.

B 4

Ce vertueux Pasteur mourut en odeur de sainteté.
Aux approches de sa mort, les Ecclésiastiques les
plus respectables vinrent recueillir ses derniers soupirs, et lui témoigner le desir de l'accompagner dans
la céleste patrie. Il s'unissoit aux vœux de tous.
Mais il répondit à M. Clément : « Monsieur, il y a
» des hommes que Dieu destine à rester sur la
» terre pour les besoins de son Eglise. »

Cette prophétie commença bientôt à avoir son
accomplissement.

VIII. M. de Caylus avoit été le dernier Prélat qui
eût montré un attachement ferme, constant et inva-
riable aux vérités de la grace, et à toutes celles qui
avoient été obscurcies depuis plus d'un siècle. Au
milieu de l'affoiblissement universel, ce digne Evêque
ne voyoit plus de force et de courage que dans l'Eglise
de Hollande, et M. Clément étoit entré dans ses
vues dès 1752. Il avoit fait un voyage en Hollande.
Un homme éclairé l'y avoit engagé pour l'aider à
étendre et à confirmer par un exemple frappant ses
connoissances théologiques. Là, en effet, se trouvoit
démontrée plus sensiblement que partout ailleurs,
la nécessité d'une société révêtue des promesses de
l'infaillibilité, pour fixer dans tout le cours des siècles
la profession de foi des chrétiens contre les égare-
mens de la raison humaine livrée à ses ténèbres et
aux bornes de ses lumières. Cet égarement est prouvé
en Hollande par la multitude des communions diverses séparées de l'Eglise, et entr'elles-mêmes, et
dépourvues de tout moyen certain qui fixe leur
croyance.

M. Clément rapporta pour fruit de son voyage,
les preuves manifestes de la nécessité de la soumission à l'Eglise.

En 1754, il entretint un commerce suivi avec
les principaux membres de cette Eglise, et par ses

conseils, et ceux d'un nombre d'Avocats et de savans Théologiens, il dirigea leur conduite dans plusieurs occasions. C'est ainsi qu'en 1755, on parvint
à établir une école de théologie à Rynswik. En 1756,
un conseil de quarante-trois Avocats décida et dirigea le rétablissement du Siége de Leuvarde, et
en 1762, M. Clément ayant fait un voyage en Hollande, découvrit aux Evêques de cette Eglise, le
moyen d'y extirper l'hérésie naissante d'un certain
Le Clerc, qu'un zèle outré avoit fait donner dans
plusieurs excès. Ce moyen, conforme à la pratique
de l'Eglise de tous les tems, étoit d'assembler en
concile les Evêques de la province. Ce projet, qu'il
leur donna la veille de son départ, fut long - tems
pesé, balancé, concerté avec les plus habiles Jurisconsultes, eut enfin sa pleine et entière exécution
en 1764, et produisit tout l'effet qu'on devoit en
attendre.

IX. M. Clément bouilloit de zèle pour le rétablissement de l'enseignement de l'Eglise, et de sa perpétuelle tradition sur toutes les vérités, et particulièrement sur celles de la grace, altérées et combattues depuis deux siècles. Mais la divine onction dont il étoit pénétré, et l'ardente charité qui
le consumoit, lui inspiroient autant d'amour pour
les hommes, que d'éloignement pour leurs erreurs.
Ami de la paix, il eut voulu détruire tout germe de
division, pour concentrer tous les cœurs dans la vérité. Il s'y sacrifia tout entier pendant dix ans, et
c'est ce qui le détermina à faire plusieurs voyages
en Italie et en Espagne. Voici quel en étoit le but.
Depuis plus de cent ans, toute l'Eglise, et sur-tout
celle de France, étoit en proie aux divisions les plus
cruelles, au sujet de certaines pièces émanées du
Saint Siége, extorquées par les ennemis de la doctrine de S. Augustin, mais présentées par les Papes,

d'une manière insignifiante. On voyoit beaucoup de propositions condamnées, mais on ne pouvoit découvrir ni en quoi consistoit l'erreur, ni quelles étoient les vérités qu'il falloit croire. Rome avoit ainsi satisfait à des sollicitations importunes, et s'étoit cependant garantie de l'erreur, en ne prononçant rien de positif. Mais elle avoit jetté des pommes de discorde, qui avoient mis tout en combustion : les uns, comme nous l'avons dit, rejettant les brefs, bulles, formulaires, à cause des vérités précieuses qu'ils condamnoient, les autres les interprêtant, ceux-ci d'une manière, ceux-là d'une autre; quelques-uns leur donnant un sens tout contraire à celui qu'ils présentoient.

Que de milliers de lettres de cachet lancées ! que de saints établissemens renversés! Les vexations devinrent si inouïes et si multipliées, que les Parlemens furent obligés d'opposer la loi et l'autorité dont ils étoient revêtus, pour venir au secours des opprimés. Mais les Parlemens eux-mêmes étoient traités de persécuteurs. Enfin Louis XV sentit bien et comprit le besoin d'arrêter ces divisions, et il se concerta avec le Pape Benoît XIV, pour interposer la loi du silence. Cependant les germes de division subsistoient toujours. Les retirer étoit une chose impossible, et c'étoit laisser toujours les esprits dans la même fluctuation sur ce qu'il falloit croire et rejetter. C'étoit à Rome à rallumer le flambeau de la foi, et à manifester aux yeux des fidèles, d'une manière claire et précise, ce que l'Eglise avoit toujours cru et enseigné sur tous les objets contestés. Un célèbre Théologien, M. Boursier, avoit fait ce travail en 1725. Son exposition de doctrine tirée mot à mot de l'Ecriture Sainte, et des SS. Pères, en un petit nombre d'articles, fut présentée à Benoît XIII, et ce Pape étoit sur le point de l'adopter, lorsqu'il mourut tout-

à-coup d'une mort inopinée. Ce fut à l'exécution de ce
projet que M. Clément employa tout ce qu'il avoit
de moyens. Les intentions pacifiques du savant Pontife Benoît XIV laissoient entrevoir de grandes espé-
rances. M. Clément étoit en relation avec des Car-
dinaux qui avoient sa plus intime confiance. L'exposition de doctrine fut de nouveau examinée par les
plus habiles Théologiens, et à Rome, et à Paris; certaines additions admises dans la théologie obligèrent
d'ajouter quelques articles, mais on laissa en entier
le travail de M. Boursier. Le Pape étoit parfaitement
bien disposé, et M. Clément fut invité à venir à
Rome, pour un plus grand concert; Louis XV étoit
instruit du projet, et le goûtoit, et ses ministres se
prêtèrent au voyage de M. Clément; mais il n'étoit
pas encore arrivé, lorsqu'on sut la nouvelle de la
mort de Benoît XIV. Clément XIII lui succéda, et
donna sa confiance au Cardinal Archinto, avec lequel on concerta l'exécution du projet. Tout étoit
disposé: le Pape étoit prêt à signer toutes les pièces.
Nouvel accident, la veille du jour arrêté, Archinto
mourut tout-à-coup dans d'horribles convulsions, avec
les marques du poison le plus violent. Celui qui lui
succéda auprès du Pape, ne laissa rien à espérer pour
continuer et achever ce qui étoit si heureusement
prêt à terminer. Il fallut attendre une occasion plus
favorable.

[1769.] X. La révolution arrivée en Espagne et en Portugal à l'occasion d'assassinats dont les soupçons tom-
boient sur une fameuse société, et qui menaçoient
toutes les têtes des Bourbons; la résolution prise de
les expulser, et de réparer les études théologiques
par un enseignement pur; le desir où l'on étoit en
Espagne, de ramener la pureté de la doctrine par
un Concile général, par le rappel des Conciles provinciaux, tels qu'avoient été dans ce royaume les

anciens Conciles de Tolède, ou par quelqu'autre moyen, tel que la prudence et les circonstances pouvoient le permettre, lièrent un commerce entre les Théologiens Espagnols et François. M. Clément forma le projet d'y faire un voyage, et y fut accueilli par les plus savans Evêques, par les Théologiens, et par les premiers Ministres, en particulier M. de Roda, et M. de Campamain.

On l'engagea à présenter ses vues, ce qu'il fit en deux mémoires, l'un adressé aux Ministres, et l'autre aux Evêques réunis par le Roi pour concerter le bien de la religion.

Dans le premier, adressé aux Ministres, il montra les avantages réciproques que les royaumes de France et d'Espagne pourroient retirer l'un de l'autre, l'Espagne par la lumière des Théologiens François, la France par la conduite que l'Espagne alloit tenir pour la réforme des études, de la religion dont l'influence est si puissante pour rendre au gouvernement le nerf et l'indépendance qui lui est nécessaire, établir les peuples dans la subordination qui fait le lien des empires, et qui met un frein aux passions destructives, enfin pour rétablir la pureté des mœurs.

Dans le mémoire aux Evêques, il se propose d'examiner les causes de la décadence de la religion, et le moyen d'y remédier. La subversion de la morale est venue du Probalisme, et de toutes les assertions Pélagiennes rappelées par les Jésuites, débitées avec profusion, et enseignées dans toutes les écoles. Le moyen de renverser cet édifice monstrueux, c'est d'en creuser les fondemens, et d'aller à la source. En France on est parvenu à éteindre le Protestantisme, en s'arrêtant à prouver une seule vérité à laquelle venoient aboutir tous les détours tortueux du labyrinthe de cette hérésie.

Arnauld a démontré par sa perpétuité de la foi,

quel avoit été l'enseignement constant et universel de l'Eglise sur la présence réelle de Jésus-Christ dans l'Eucharistie, et à cette vive lumière les ténèbres de l'hérésie ont disparues.

Ici la vérité essentielle combattue par les Jésuites, est l'efficacité de la grace agissant sur les cœurs, soit par la délectation victorieuse qu'elle y répand, soit par le mouvement immédiat et physique, qu'il sait produire sur des êtres libres, sans gêner leur liberté, vérité développée sous l'une ou l'autre de ces acceptions, soit par St. Augustin, soit par St. Thomas, vérité rangée de tout tems par le Saint Siége parmi les dogmes les plus sûrs, *tutissima dogmata.* Du renversement de ce dogme précieux ont suivi l'établissement d'une religion naturelle substituée à la religion révélée, et toutes les suites pernicieuses et impies du système de pure nature, le renversement de la morale et des mœurs par le probabilisme, l'ébranlement de la police publique, et de l'autorité des princes par l'enseignement de l'ultramontanisme, etc.

Il faut rétablir cette vérité dans son jour, prouver par les faits la *perpétuité* du dogme de la grace dans tous les tems et tous les lieux, antérieurement à la controverse actuelle, et développer ce mystère qui renferme deux choses révélées qu'il ne nous appartient pas d'expliquer et de concilier (*a*), la toute-*puissance* de Dieu sur les cœurs, et la *liberté* de l'homme. On pourra s'aider dans ce travail par la lecture de plusieurs ouvrages d'excellens Théologiens

---

(*a*) C'est ce qu'a voulu faire Molina dans son livre de la Concorde de la grace et du libre arbitre. Voilà la date de l'hérésie, l'an 1605 : et l'on a donné le nom de Jansénistes, Baianistes, Quesnelistes à tous ceux qui ont voulu s'y opposer, en remontant à l'enseignement perpétuel de l'Eglise depuis les Apôtres jusqu'à nous.

de Flandres, et en particulier par celui du grand Bossuet contre Simon.

« C'est à la lumière, au zèle et à la vigueur de
» l'ordre sacerdotal, disoit St. Cyprien dans sa lettre
» 68, au Clergé et au peuple d'Espagne, qu'il
» appartient de ranimer la foi, dans les derniers
» tems où cette foi sera chancelante, où la crainte
» de Dieu sera languissante, et où la paix et la
» concorde seront presqu'entièrement bannies.... »
Ce passage heureusement appliqué termine l'écrit présenté aux Evêques d'Espagne.

On ne s'étend pas davantage sur ces deux mémoires qui se trouvent imprimés dans le 2ᵉ. vol. du journal des voyages de M. Clément, 3 vol. Paris, chez Longuet. 1802.

Voici ce qu'en disoit un des Ministres de France dans une lettre adressée à M, Clément, le 22 mai 1769. « Rien de mieux fait, de tourné plus ingénieusement
» ne s'est encore présenté à mes yeux : la science,
» la sagesse, la vertu, la raison ont coulé de la
» plume de l'auteur. Il est fâcheux qu'il n'ait pas
» été dans le cas de suivre dans le même esprit le détail
» de l'exécution. »

En effet, dès que M. Clément eut satisfait aux demandes des Evêques, et du gouvernement d'Espagne, il revint à Paris en décembre 1768.

[1769.] XI. A la fin de 1769, il fit un second voyage à Rome. Clément XIII, parvenu aux derniers momens d'un pontificat que l'intrigue du Cardinal Torregiani, son ministre, avoit rendu contre le caractère du Pontife, continuellement orageux, se trouvoit engagé dans une vive division avec les principales cours catholiques. Ce Souverain Pontife se résolut enfin de terminer ces différens solemnellement, en plein consistoire, à jour marqué qu'il avoit annoncé pour le 3 février, le lendemain de la Chandeleur. Il parut encore qu'il fut la victime d'une si sage résolution, contraire au plan des Jésuites. Le fil de ses jours fut coupé, il mourut tout-à-coup de convulsions, la veille, même du jour qu'il avoit annoncé, pour terminer, cette fâcheuse querelle. Tant d'intérêts compromis furent confiés après sa mort à la prudence de Ganganelli, élevé alors sur le Saint Siége, sous le nom, de Clément XIV.

M. Clément tout occupé du projet d'exposition de doctrine, que la mort subite du Cardinal Archinto, avoit fait échouer, retourna à Rome sous le nouveau pontificat; l'exposition de doctrine de M. Boursier, présentée dès 1725 à Benoît XIII, puis à Benoît XIV, et à Clément XIII, fut de nouveau examiné par les Théologiens de Rome. On jugea à propos d'ajouter aux 21 articles contenus dans cette pièce, trois nouveaux articles, et on faisoit à quelques autres de légers changemens, et ainsi retouchée, elle reçut une approbation universelle. M. Clément fut invité de l'appuyer d'un mémoire qui en fit connoitre toute l'importance, il se livra à ce travail, et c'est ainsi qu'il présenta ses vues.

Il convenoit avec les Théologiens de nos jours, que la grande cause de la décadence de la religion étoit la fausse philosophie, et il parcourt les divers dégrés par lesquels on est parvenu à une incrédulité absolue, et à l'entière perversion de la morale.

Pour renverser les fondemens de notre foi, les philosophes ont commencé par ébranler la certitude de la révélation par rapport à nos devoirs, et aux secours nécessaires pour les remplir, en jettant des doutes sur les vérités les plus constantes; telle a été la méthode de Montagne et de Bayle; on a abandonné la révélation des mystères aux esprits humblement disposés à les croire, mais on en a relégué cette croyance hors de l'ordre des devoirs. Dieu, dit-on, a pourvu suffisamment l'homme, tel qu'il est, de ce qui lui est nécessaire, son esprit par la lumière de la raison, son cœur par les lumières de la conscience. Il ne tient qu'à l'homme en cet état d'accomplir avec ces secours la loi de ses devoirs. Il est dès-lors agréable à Dieu dès qu'il accomplit ces devoirs naturels, quelle que soit d'ailleurs sa religion.

Marmontel dans son Bélisaire, a présenté sous les plus belles couleurs ce prétendu tableau de la perfection de la vertu dans l'état de la religion purement naturelle, et c'est aussi la doctrine de d'Alembert.

Rousseau a donné le démenti à ces philosophes. Il est faux, selon lui, que par sa nature l'homme ait assez de lumière et assez de force pour accomplir ses devoirs; sans doute il auroit besoin d'une révélation supérieure pour suppléer à ce qui lui manque, mais il n'est pas assez éclairé pour discerner quelle seroit la véritable.

Que lui reste-t-il donc pour régler ses devoirs? C'est de suivre sa conscience autant que le permet la force des passions et de l'intérêt particulier. L'homme ne peut être coupable des passions avec lesquelles il naît. Il n'est comptable pour les régler que de la lumière de son esprit et des forces de son cœur.

Voltaire suit le même principe, et adopte une autre conséquence. L'homme, dit-il, est trop dépourvu du côté de l'esprit et du côté du cœur. Ni l'un ni l'autre ne lui suffisent pour régler sa conduite. Dieu a voulu négliger son ouvrage jusqu'à ce point. Le principe de tout est donc un vrai fatalisme, un pur hazard, une impression générale et aveugle qui conduit tout, et ainsi, point de loi constitutive du bien et du mal des actions, tout doit être réputé bien, les passions même les plus désordonnées.

Les hautes connoissances de l'auteur du *Livre de l'Esprit,*

l'Esprit, Helvétius, l'ont élevé jusqu'à découvrir
que l'homme n'a reçu dans sa formation que fort
peu de dons de la nature, qui l'élèvent au-dessus des
bêtes. Ce qu'il a de lumière, de raison, de liberté,
n'est qu'un pur instinct, et aussi n'est-il pas plus
coupable que les bêtes, en se livrant aux vices et
aux désordres les plus grossiers.

Telle est en abrégé, selon M. Clément, la somme
des erreurs philosophiques de nos jours qui nous ont
entraînés insensiblement dans l'abîme d'incrédulité,
d'irréligion, et de démoralisation complette, par le
renoncement à la foi de nos pères, à la lumière de la
révélation.

Or, n'est-ce pas l'enseignement théologique, introduit dans les écoles depuis deux cents ans, qui a en-
gendré cette fatale liberté de penser, et ses abomi-
nables suites ? Que l'on remonte au principe, que
l'on considère les rapports mutuels, et l'accord de
l'enseignement philosophique et théologique, et il
sera difficile de ne pas réconnoître l'identité de l'un
avec l'autre.

Le principe de la philosophie de nos jours, est
celui de Cotta, qui étoit, au rapport de Cicéron, l'un
des plus grands génies de la philosophie payenne.
Il ne me plaît pas, je ne puis admettre que la divinité
n'ait pourvu qu'au bien d'un petit nombre d'hommes.
Il s'en suit qu'il n'a pourvu au bien de qui que ce
soit. *Non placet paucis à Diis immortalibus esse
consultum : sequitur ergo ut nemini consultum sit.*
Cotta apud Cicér. de Nat. d. l. 3, c. 27.

Socrate au contraire, au rapport de Platon dans
son Traité de l'Ame, avoit conçu qu'il y avoit peut-
être sur terre, comme il le jugeoit désirable, quelque trait de lumière, quelque divine parole, *divino
quodam verbo,* qui assurât à l'homme un moyen
de surmonter les tempêtes orageuses de ce siècle.

C

Mais le principe de Cotta, qui rejettant le choix d'un petit nombre d'élus : *Non placet paucis esse consultum*, est celui qui a fixé les philosophes de nos jours. Ils ne diffèrent que pour les conséquences et pour les devoirs.

Ou Dieu a pourvu tous les hommes du secours d'une révélation commune, ou il n'en a pourvu qu'un petit nombre privilégié, ou il n'en a pourvu aucun. Il est évident que le premier cas n'existe point, le second répugne, *non placet;* l'acception, le choix gratuit d'hommes à qui Dieu ait manifesté ses volontés, révolteroit la raison : donc, disoit Cotta, il reste que Dieu n'ait pourvu personne de cette révélation.

Les Philosophes de nos jours disent avec Cotta, qu'il répugne à la raison et à l'idée de la bonté de Dieu, qu'il n'ait pourvu qu'un petit nombre privilégié, et les uns concluent avec lui, que Dieu n'a pourvu personne de cette révélation ; les autres concluent au contraire que Dieu a pourvu suffisamment au besoin de tous les hommes, et que les secours qu'il donne à tous, quelque foibles qu'ils soyent, suffisent pour les devoirs qu'il leur impose, et que, si ces secours n'étoient pas suffisans, dès-lors l'homme seroit innocent sous ses ténèbres et sa foiblesse.

Au contraire, l'enseignement constant de l'Eglise fondé sur les saintes Ecritures, sur les SS. Pères, et sur toute la tradition, est ce choix gratuit d'un petit nombre d'élus, sur lesquels Dieu répand ses miséricordes; laissant les autres dans la masse de perdition dont il est maître de ne pas les retirer. Elle enseigne de plus, que Dieu est tout-puissant sur les cœurs, qu'il agit efficacement sur eux par sa grace, sans cependant gêner leur libre arbitre. Elle veut que la raison se soumette à ce mystère, en s'écriant avec l'Apôtre: O profondeur des jugemens de Dieu!

Cet enseignement n'a été traversé que par les Pélagiens auxquels l'Église a opposé S. Augustin, son plus fidèle interprête sur cette matière. Les Pélagiens et les semi-Pélagiens ont été terrassés dès leur naissance, par ce savant docteur et ce génie sublime.

Qui s'est donc refusé dans les derniers tems à la lumière de la révélation sur ce point, et qui a rejetté les Philosophes dans les écarts de la raison?

N'est-ce pas l'école des Jésuites? Ne les voit-on pas dès la fin du Concile de Trente, se faire chasser du Concile comme Pélagiens, *foras Pelagiani*, pour s'être élevés contre le dogme *de la motion divine du libre arbitre de l'homme*, ne pouvant concilier cette motion avec la conservation de la liberté. Ils furent obligés d'abjurer en pleine congrégation leur erreur. Mais en 1605, Molina publia son systême suivi sur la concorde de la grace, et du libre arbitre, et a professé, sous les termes de l'école, cette même doctrine des Philosophes payens, qui a servi de base à la fausse philosophie de nos jours, et lui a tendu les bras pour renverser tous les fondemens de la morale, et rompre tous les liens de la société. *Le choix gratuit d'un petit nombre d'Élus ne nous plaît pas.*

Que l'on suive les rapports de la fausse philosophie de nos jours avec l'enseignement de Molina, et de ses fidèles disciples, Tournely, Collet, la théologie de Poitiers; on reconnoîtra que les Théologiens ont tracé la route aux Philosophes, et qu'ils ont posé les fondemens de la fausse philosophie.

Premièrement, ils ont écarté les lumières de la foi et des saintes Écritures, et la doctrine des SS. Pères, pour se livrer aux raisonnemens humains.

Puis leur raison égarée a posé ce faux principe, que Dieu a donné à tous les hommes les lumières et les graces suffisantes pour se conduire eux-mêmes, et mériter la vie éternelle, rejettant avec le Philosophe payen, le choix gratuit d'un petit nombre sur lequel Dieu répandroit ses dons, et par conséquent le mystère de la prédestination. L'Evangile dit : il y a beaucoup d'appellés, mais peu d'élus; et ils disent *cela ne nous plaît pas : Non placet paucis esse consultum.*

Comme ces dons accordés à tous les hommes, dons naturels qui se réduisent à la raison et à la conscience, sont très-foibles pour retirer l'homme du vice, et le porter à la vertu, il étoit nécessaire de proportionner la foiblesse des vertus, et la modicité des devoirs à la foiblesse des secours, et de ne proposer que des vertus naturelles qui ne touchent point à la racine de la concupiscence, et des devoirs qui n'atteignent point au précepte d'aimer Dieu par-dessus tout. C'est ce qu'ont élégamment développé Marmontel, Dalambert et Rousseau.

Mais il falloit user de mots scientifiques. Ces secours donnés généralement à tous les hommes, c'est ce que les nouveaux Théologiens ont caché sous le nom *d'équilibre,* ou égalité de forces pour le bien ou pour le mal, que l'homme fait pencher selon sa volonté: c'est ainsi que d'accord avec les Philosophes payens, ils ont déchargé l'orgueil humain de l'obligation de rapporter à Dieu la gloire de la vertu.

N'étoit-ce pas encore un joug bien onéreux pour la raison, d'admettre la toute-puissance de Dieu sur le libre arbitre, sans cependant lui ôter sa liberté. En vain S. Augustin nous a-t-il représenté cette action de Dieu sous l'idée d'une délectation victorieuse qu'il répand dans les cœurs par l'Esprit-Saint; la doctrine de S. Augustin est foulée aux pieds.

Enfin pour paroître donner quelqu'action à Dieu, et en même-tems faire disparoître la prédestination gratuite, ils supposèrent en Dieu une *science moyenne* entre celle de simple intelligence, et celle de vision par laquelle il voyoit des *futurs conditionnels*, et disposoit les circonstances extérieures qui devoient conduire l'homme sûrement jusqu'à la pleine détermination au bien, sans influer sur leur volonté, c'est ce qu'ils ont appellé *le congruisme*.

Ces obligeans Théologiens ont dispensé les fidèles de croire à ce dogme révéré de toute l'antiquité; ils ont même fait déclarer de par N. S. P. le Pape, hérétiques, tous ceux qui auroient la simplicité d'y croire, et qui n'effaceroient pas de la première ligne du symbole, *omnipotentem*, *tout-puissant*.

Voilà la bride lâchée à la philosophie. Mais pour entraîner dans ce torrent dévastateur la multitude des Prêtres et des fidèles, il falloit s'affubler du manteau de l'hypocrisie. Que firent les bons Pères? Admettre tous les termes adoptés par l'Eglise, mais en détruire le véritable sens par des explications, des distinctions, des additions.

C'est ainsi que, pour ne point effrayer, en substituant les dons naturels accordés généralement à tous les hommes, à la grace proprement dite, que Dieu n'accorde que par un effet de sa miséricorde à qui il veut, ils ont revêtu du nom de *grace*, ces dons naturels, parce qu'en effet, ils sont gratuits, et que Dieu ne les doit pas plus à l'homme qu'à la bête. Ils leur ont pareillement conservé le titre de *secours divins*. Mais pour laisser à l'homme tout le mérite, ils y ont ajouté l'épithète de *versatiles*, c'est-à-dire, abandonnés à l'usage et à la décision propre de l'homme. Ces secours, ils les ont appellés *suffisans*, pour les opposer à la grace *efficace* dont ils ont rejetté le nom et la signification : et plusieurs de ceux qui avoient assez d'esprit pour reconnoître l'insuffisance de ces secours, dits suffisans, et qui sentoient la nécessité d'une grace efficace, se sont vus forcés d'admettre dans leurs écoles le nom de ces secours suffisans, qui ne suffisent pas, tant étoit redoutable la puissance de ces nouveaux Théologiens.

Ce corps raisonné de théologie hétérodoxe anéantissoit la religion de J. C., rendoit inutile le mystère de notre Rédemption, et conduisoit au culte phantastique d'un être suprême imaginé par Diderot et les Encyclopédistes, et exécuté par Roberspierre et les Théophilantropes.

Mais pour l'établir il avoit fallu, à l'exemple des Pélagiens, anéantir le péché originel, c'est ce qu'ils ont fait, non point en supprimant le mot, mais en dénaturant toute l'idée que la foi nous donne du péché originel et de ses suites.

Qu'est-ce que le péché originel? Ce n'est point, selon ces bons Pères, un péché réel et subsistant, mais une disposition aux péchés que Dieu voit dans un *futur contingent* que les enfans auroient commis; et s'ils meurent avant d'avoir reçu le baptême, il les punit uniquement en les privant de sa vue, et en les contenant dans les lymbes où ils jouissent d'un bonheur naturel. Hérésie contre laquelle s'est élevé Bossuet dans sa dénonciation adressée au Pape Innocent XII, par cinq des plus illustres Prélats de la France, et appuyée par les décisions des conciles oecuméniques de Lyon et de Florence.

Au reste, ce bonheur naturel des enfans morts sans baptême, nos réformateurs de l'Evangile en gratifient les infidèles, et tous ceux qui ont vécu sans la connoissance de Dieu, et sans révélation. C'est une suite de leur système, *d'état de pure nature*, dont ils n'ont d'abord présenté que la *possibilité*, et qu'ils ont ensuite eu la hardiesse de donner comme réel.

Voilà la clef de la philosophie plus supportable de Marmontel et de Rousseau, mais il falloit encore ouvrir la porte aux Philosophes les plus débordés, tels que Voltaire et les auteurs des livres de *l'esprit*, de celui des *mœurs*, etc. C'est ce que les Jésuites ont fait par leur doctrine du *probabilisme*, dont Pascal a si bien déduit les conséquences dans ses provinciales, et par leurdistinction de *péchés théologiques* et *péchés philosophiques*, imaginée pour excuser, sous différens prétextes, les débordemens les plus affreux en tout genre.

De tout cet exposé M. Clément conclut que l'enseignement théologique, et la fausse philosophie de nos jours, ont entr'eux un rapport évident, mais que la cause première du mal est venue du côté de l'enseignement théologique, et que c'est au Saint-Siége à ramener cet enseignement à la foi de l'Eglise par une exposition succincte de sa doctrine constante et perpétuelle.

Ce mémoire avoit été demandé à M. Clément par le P. Georgi, procureur-général des Augustins, et ami particulier du Pape, et il fut présenté, le 10 avril 1771, au cardinal Marefoschi. M. Clément, dans l'audience particulière qu'il eut de ce cardinal, lui exposa que rien n'étoit plus pressant pour l'Eglise, dans la diversité d'enseignement qui se répandoit de toute part, et favorisoit la chûte de la religion, qu'une exposition dressée par le Saint-Siége, de sa perpétuelle doctrine sur les matières contestées, qu'elle seroit capable de réunir tous les esprits par son autorité, que depuis deux cents ans, les Papes avoient cessé cet enseignement solemnel et positif, dont la lumière lui avoit acquis dans les siècles passés la plus grande considération ; que depuis ce tems il ne sortoit plus de Rome que des décrets indéterminés, des censures vagues, des propositions dont on avoit souvent peine à connoître le vice ; que le défaut seul d'application des qualifications aux propositions, rendoit impossible aux Théologiens les plus éclairés d'en conclure quelle doctrine ils devoient tenir ; en un mot, que l'usage de l'Eglise, fondé sur la sagesse divine, étoit de faire toujours précéder d'exposés de doctrine, et de canons, ses censures et ses anathêmes; qu'il résultoit de fait, par une conduite opposée, qu'après tant de propositions condamnées, une multitude de vérités ne se pouvoit plus expliquer sans risque de contradiction; qu'enfin il étoit tems que le Saint-Siége reprît, par la clarté de son enseignement, tout le lustre qui appartient à une si grande autorité.

Le Cardinal avoua que toutes ses observations étoient justes et qu'elles étoient ressenties par le Saint Père, qu'il l'avoit fait connoître dans sa lettre circulaire à tous les Evêques, en invitant tout le monde à revenir désormais aux vraies sources de la doctrine de l'Eglise, l'Ecriture Sainte et la tradition; que dès qu'il seroit libre, il ne doutoit pas qu'il ne s'occupât à fixer les principes de doctrine trop altérés, et obscurcis par les contestations, et à rétablir dans toute son intégrité la doctrine de S. Augustin; qu'il lui remettroit le présent mémoire, et que certainement il le liroit avec la plus grande attention.

Cependant M. Froggini, qui connoissoit à fond la cour de Rome, fit entendre à M. Clément, qu'on ne devoit pas s'attendre que le Pape donnât à ce sujet un bref de son propre mouvement, *proprio motu*, mais qu'il ne balanceroit pas à le faire, sur la demande du roi de France, comme Benoît XIV l'avoit déjà fait au sujet de la loi du silence; et que d'ailleurs le roi qui avoit demandé en son tems le formulaire et la Bulle, pouvoit bien aussi y mettre un terme sur un avis motivé, et qu'alors le Saint-Siége ne s'y refuseroit pas.

M. Clément, après avoir présenté son mémoire, revint en France, où l'on vit bientôt éclater les troubles introduits par le Chancelier Meaupou, qui ne permit pas que l'on suivît auprès de la cour les

projets dans lesquels Louis XV avoit commencé à
entrer.

XII. D'ailleurs, quelque zèle qu'eut le Pape
Clément XIV pour le rétablissement de la bonne
doctrine, il y avoit un préalable qui absorboit tous
ses soins. C'étoit l'extinction de cette société qui avoit
semé l'erreur, et qui la propageoit dans toute l'Eglise;
il ne falloit point même encore parler de doctrine,
de peur d'entretenir les divisions. D'autres raisons
assez puissantes le déterminoient.

« Je puis assurer, disoit le Cardinal de Bernis,
» (dans sa lettre officielle du 12 mars 1774, à M.
» d'Aiguillon, ministre d'état,) qu'avant et après
» son exaltation, Clément XIV pensoit avec St.
» Charles Boromée, que l'institut de St. Ignace avoit
» été altéré par l'esprit d'ambition, de politique,
» d'intérêt et de despotisme de plusieurs des gé-
» néraux qui succédèrent à ce saint fondateur. »
St. Charles avoit prédit, (on le voit par les lettres
qu'il écrivit à son confesseur, et qui sont con-
servées à Milan,) que cette société gouvernée
par des chefs plus politiques que religieux, devien-
droit trop puissante, pour conserver la modestie,
l'obéissance et la modération nécessaires, que son
crédit lui feroit des ennemis fanatiques, et des
ennemis irréconciliables, qu'elle voudroit gouverner les Rois et les Pontifes, régir le temporel
et le spirituel, que cet esprit étranger et opposé
à la religion, altéreroit l'institut pieux de St. Ignace,
et qu'une société si utile seroit enfin supprimée.
Ce fut à cette suppression que se décida Clément
XIV, après avoir étudié pendant quatre ans quels en
pourroient être les avantages et les inconvéniens,
« et il s'y décida, ajoute le Cardinal Bernis, aux
» pieds des autels, et en la présence de Dieu. Il a
» cru que ces religieux, proscrits des états les plus
» catholiques, violemment soupçonnés d'être entrés

» autrefois, et recemment dans les trames criminelles,
» qui n'avoient en leur faveur que l'extérieur de
» la régularité, décriés dans leurs maximes, livrés,
» pour se rendre plus puissans et plus redoutables,
» au commerce, à l'agiotage, à la politique, ne
» pouvoient produire que des fruits de dissension et
» de discorde; qu'une réforme ne feroit que pallier
» le mal, sans arracher la racine, et qu'il falloit
» préférer à tout la paix de l'Eglise universelle. »

Tel étoit l'état des affaires de l'Eglise, lorsque M.
Clément revint en France, et resta à Paris pendant
vingt ans, dans une profonde retraite, uniquement
occupé de bonnes œuvres, et de la méditation
des vérités de la religion dont il faisoit ses chères
délices.

Il continuoit aussi ses correspondances avec les
étrangers les plus illustres par leur science, leur piété
et leur zèle pour le bien de la religion; plusieurs
Cardinaux et Evêques l'honoroient de leur amitié
et de leur confiance. Le Cardinal Dora, Nonce du
Pape, lui témoignoit une estime toute particulière.

[1789.] XIII. Enfin arriva le moment fatal de la
révolution. M. Clément sentit qu'il falloit prendre
un parti dans les affaires de l'Eglise de France, et
éclairer sa conscience, pour se conduire avec lumière
dans des circonstances aussi orageuses. S'étant démis
en 1786, de sa trésorerie de la Cathédrale d'Auxerre,
il n'avoit rien à gagner ou à perdre dans ce monde,
et c'étoit un grand obstacle de moins pour parvenir
à la connoissance de la vérité.

Il n'écouta ni la chair ni le sang. Il étoit de famille
noble, et quelqu'intime que fût sa liaison avec un
frère chéri, que les circonstances dépouillèrent de
sa magistrature, et déterminèrent à fuir le sol de
la France, il ne se laissa entraîner par aucune vue
charnelle. Il ne consulta que la loi de Dieu, con-

signée dans l'Ecriture Sainte et dans les canons de
l'Église, fondé sur ce principe de St. Paul, que toute
puissance vient de Dieu. Les Conciles qui ont traité
cette matière, ont tous commandé la fidélité la plus
entière à la puissance établie de Dieu, et plusieurs
ont prononcé les peines les plus graves contre ceux
qui pécheroient contre le serment de fidélité qui lui
est due. Celui des Conciles qui fixa le plus l'attention
de M. Clément, fut le 7ᵉ. de Tolède, tenu dans des
circonstances semblables à celle où se trouvoit alors
la France.

Le 1ᵉʳ. canon de ce Concile prescrit surtout aux
ministres de l'Eglise, depuis l'Evêque jusqu'aux simples
clercs, cette fidélité exacte à la nation, et condamne
ceux qui auroient cherché à se soustraire au serment
de fidélité, qui auroient émigré, ou qui se seroient unis,
de quelque manière que ce fût, aux ennemis de l'état,
à être privés de la communion, même à l'article de
la mort. Ce canon fut pour M. Clément un trait de
lumière, qu'il crut devoir communiquer au public,
en le faisant imprimer avec quelques réflexions.

Du reste, M. Clément n'assista à aucune des assemblées publiques; son grand âge, la foiblesse de sa
complexion, sa surdité l'en dispensoient. Retiré à
sa campagne de Livry, toujours renfermé dans sa
chambre, il ne fixoit les regards de personne. Ses
vertus seules, qui ne pouvoient-être inconnues, lui
concilioient l'estime et la bienveillance de tous. La
mort d'un frère aîné, M. Clément de Boissy, qu'il
perdit à cette epoque, redoubla sa foi, et il ne cherchoit qu'à s'avancer de vertu en vertu, pour se préparer lui-même au grand voyage de l'éternité; et son
tendre amour pour l'Eglise lui faisoit exprimer souvent le desir qu'il auroit de mourir pour elle.

[1794.] XIV. M. Clément étoit dans ces saintes
dispositions, lorsque l'armée révolutionnaire, comme

un torrent dévastateur, vint déborder à Livry. Trente
citoyens de cette commune étoient désignés sur la
liste d'arrestation; M. Clément ne s'y trouvoit point
compris. On n'avoit rien à lui reprocher du côté du
civisme. Mais il étoit Prêtre, il étoit Chrétien, il aimoit sa religion, et la professoit hardiment en face
des persécuteurs: il n'en fallut pas davantage pour
encourir des ordres contre lui, et ceux qui l'appro-
choient. On fait dans sa maison la visite la plus scandaleuse; tous les signes de la religion qu'on y rencontre,
sont déchirés, écrasés, foulés aux pieds, livrés aux
flammes, avec une fureur qui tenoit de la rage. Mille
ironies sont lancées, mille blasphèmes proférés, mille
sacrilèges commis, et les profanations eussent été portées à leur comble, si Dieu n'eût écouté les ardentes
prières et les profonds gémissemens de son serviteur.
M. Clément oppose la loi à ces suppôts de la tyrannie,
mais inutilement. Alors prenant le ton qui convient
à un ministre de Jésus-Christ, il les reprend de leur
hardiesse, il les étonne et les terrasse par la majesté
avec laquelle il leur parle de Dieu, de sa religion, de
ses mystères.

C'étoit un spectacle vraiment divin, et digne des
premiers siècles, de voir d'un côté ce saint Prêtre
au milieu d'une troupe de soldats armés, et acharnés
contre lui, revêtu de la force d'en haut, leur parler avec
une éloquence mâle, tempérée par l'onction de l'humilité et de l'urbanité chrétienne, et avec une modération qui marquoit le calme de son ame à la vue
de la présence de Dieu au milieu d'une si violente
tempête, et de l'autre ces loups furieux convertis su-
bitement en agneaux à la simple parole de l'innocente
victime qu'ils destinoient au supplice; car M. Clément étoit non-seulement Chrétien et Prêtre, mais
riche et noble, et à tant de titres, il étoit lui-même
convaincu que sa vie ne tarderoit pas à être sacrifiée.

Mais rien n'affoiblit et n'ébranla son courage et sa
vertu. A la fermeté d'Apôtre il joignit la charité des
Etiennes et des Cypriens. Il prévit quels pouvoient
être les besoins de ses bourreaux pour le vestiaire et
la nourriture, il commanda qu'on y pourvût abon-
damment, et fit ses préparatifs pour aller en prison
avec une tranquillité d'ame qu'ils ne pouvoient assez
admirer.

Il fut conduit comme en triomphe dans un riche
équipage, accompagné de douze cavaliers, dans la
maison des Bénédictins Anglois, qui servoit alors
de maison d'arrêt, où il demeura depuis le 18 février
jusqu'au 9 octobre de la même année (a) 1794.

XV. M. Clément, rendu à sa liberté, s'établit à
Paris chez l'un de ses amis, le même qui avoit eu
part à ses chaînes, et là, oubliant tous les maux qu'il
avoit éprouvés, il ne songeoit qu'à ceux de l'Eglise
de France. Son ame en étoit toute absorbée. En effet,
quel affligeant spectacle! Les temples étoient fermés,
le culte aboli, le jour du Seigneur entièrement mé-
connu, et remplacé par les décades, les anciens Evêques avoient abandonné leur Eglise, et donné leurs
démissions, et ne pouvoient plus gouverner. Les cha-
pitres étoient détruits, et n'avoient plus d'autorité.

, Celle que prenoient certains grands vicaires, soit
arbitrairement, soit de la part de leur Evêque dé-
chu de tous ses titres, soit de la part des Légats
vrais ou supposés du Pape avec lequel la France étoit
en guerre, ne paroissoit avoir aucun fondement légal.
Quelles lois suivre dans un tel chaos, sans risquer de
s'égarer? M. Clément ne vit que celles de l'Eglise; il

_____

(a) L'Auteur de cette notice, a été témoin de ce qu'il ra-
conte, et son témoignage est véritable. Il s'est lui-même trouvé
heureux d'avoir, par une rencontre inopinée, partagé pour la
cause de la religion, le sort de l'illustre prisonnier.

regardoit le clergé constitutionnel comme formant seul avec les fidèles l'Eglise Gallicane, rétablie dans tous ses droits, conformément aux saints Canons, au Concile de Nicée, et à tous les Conciles de France des neufs premiers siècles, à la pragmatique sanction de S. Louis, au IVᵉ Concile œcuménique de Latran dans le douzième siècle, au Concile œcuménique de Bâle dans le quinzième, à la pragmatique des états généraux de Bourges, à l'assemblée du clergé de France tenue à Melun en 1579, etc.

C'étoit vers ce clergé canonique qu'il dirigeoit toutes ses vues, desirant cependant avec ardeur que la Providence permît une parfaite réunion des esprits avec ceux qui étoient d'une opinion différente. Mais ce clergé même, dans quel état déplorable se trouvoit-il alors? Les uns étoient dispersés par la persécution, les autres avoient apostasié, ou donné leur démission, plusieurs s'étoient mariés, beaucoup étoient morts, ou naturellement, ou sacrifiés à l'impiété des persécuteurs; et de part et d'autre tout étoit perdu pour toujours, si quelqu'un n'eût fait de généreux efforts pour rétablir l'existence d'une Eglise de France, autant que les circonstances le permettoient. M. Clément en conçut le dessein.

XVI. Il commença par recueillir le peu d'Evêques qu'il put découvrir à Paris, au nombre de quatre; M. Saurine, alors Evêque de Dax, aujourd'hui Evêque de Strasbourg, M. Royer, Evêque du diocèse de l'Ain, puis Evêque constitutionnel de Paris, M. Desbois, Evêque d'Amiens, et un quatrième qui rompit aussitôt avec la société épiscopale, ébranlé par les vaines promesses et menaces qu'on lui fit au nom d'un légat du Pape. Ce quatrième Evêque fut presqu'aussitôt remplacé par M. Grégoire, Evêque de Blois, et quelques mois après par M. Primat, alors Evêque de Cambrai, aujourd'hui Archevêque de Toulouse. M. Clé-

ment travailla à les réveiller de l'espèce de léthargie
où ils se trouvoient : « Sentez, leur dit-il, qui vous
» êtes, de quel état vous sortez, quelles fonctions
» vous avez à remplir. C'est sur vous que repose la
« solidarité de l'Episcopat, et le soin de régénérer
» l'Eglise de France. Dites aux curés fidèles et échap-
» pés à la persécution : La loi de l'Eglise, le Siége va-
» cant, est que vous vous établissiez en presbytère,
» et que vous preniez en main le gouvernail du dio-
» cèse, tandis que la sollicitude des Evêques s'étendra
» sur toutes les Eglises de France, travaillera à ré-
» parer les ruines du sanctuaire, et à rendre au culte
» divin toute l'activité dont il peut être susceptible. »

Les Evêques se rendirent au vœu de M. Clément.
On convint que l'on se réuniroit chez l'un deux, le 21
novembre, jour de la Présentation de la Vierge, pour
y célébrer la messe, *pro synodo*, et que dès le lendemain on commenceroit des assemblées régulières,
qui se tinrent en effet pendant plus de six mois, quatre
fois par semaines, quelquefois tous les jours, depuis
cinq heures du soir jusqu'à neuf heures, dans la maison où demeuroit M. Clément, et de concert avec lui,
et qui se prorogèrent jusqu'en juillet 1796.

On fortifia cette assemblée, au moins certains jours
de la semaine de tout ce qu'on put réunir d'Ecclésiastiques savans et vertueux, de Jurisconsultes, et autres
Laïcs pieux et éclairés.

Dès la première assemblée, M. Clément leur proposa le projet de travaux qu'il avoit conçu.

Plusieurs objets se présentoient à remplir.

1°. Découvrir ce qu'étoit devenu chacun des membres du clergé dans toute l'étendue de la France, et
le genre de fonctions qu'il pouvoit remplir au milieu
de tous les genres de persécution qui subsistoit encore.

2°. Renouer une correspondance, au moins avec
les principaux, les exciter à sortir de leurs retraites,

ranimer leur courage, et les engager à reprendre le soin des ames.

3°. Employer tout le crédit qu'on pourroit se procurer auprès des autorités constituées pour rompre les chaînes de ceux qui étoient encore retenus dans les prisons, et étendre cette sollicitude charitable également sur les membres du clergé, qui, quoique d'une opinion différente, étoient toujours considérés comme des frères en Jésus-Christ.

4°. Presser, par tous les moyens convenables, le gouvernement, de rendre la liberté du culte catholique, former des presbytères dans les siéges vacans, et travailler à obtenir l'ouverture des Eglises.

Ces différentes vues ne tendoient qu'à réédifier le corps de l'Eglise de France, l'extérieur de la Religion. La piété de M. Clément le portoit à desirer ardemment de ressusciter l'ame de l'Eglise. Comme un autre Esdras, il gémissoit profondément de la multitude des violemens de la loi de Dieu, commis et par les Prêtres et par le peuple. Il proposa donc en même-tems aux Evêques de travailler non-seulement à relever les murs matériels de Jérusalem, mais aussi à purifier les temples spirituels, et à rappeller l'esprit de pénitence de la primitive Eglise.

A cet effet il les invita à se pénétrer de l'état de l'Eglise de France, à considérer quels avoient été ses biens et ses maux depuis le commencement du siècle, à étudier tous les crimes, tant parmi les Laïcs que dans l'ordre sacerdotal, qu'avoit engendrés la révolution, à en examiner les divers dégrés, les causes et les principes différens, à présenter les remèdes de la pénitence qui convenoient à chacun, en même-tems instruire les fidèles sur la conduite qu'ils avoient à tenir par rapport au schisme, et avant tout, si les circonstances le permettoient, s'adresser au Pape,

comme

comme au Chef visible de l'Eglise, et au Père commun des fidèles, pour l'éclairer sur le véritable état
des choses, et lui faire part des travaux que l'Eglise
Gallicane entreprenoit pour se régénérer.

Toutes ces idées furent saisies et adoptées par les
quatre Evêques; de ce moment on se mit avec ardeur au travail. Pendant le jour M. Clément avec le
collaborateur qu'il s'étoit associé, faisoit dans les
Pères et les Conciles, les recherches nécessaires à la
matière que l'on avoit à traiter, et les soirs les Evêques assemblés, après avoir invoqué l'Esprit-Saint par
la prière que faisoient les Pères du Concile de Bâle,
discutoient entr'eux, ayant sous les yeux le tableau
des passages qu'on avoit recueillis, en sorte que ce
n'étoient pas eux proprement qui décidoient, mais
l'Eglise qui parloit par leur bouche.

C'est ainsi que fut concertée, pendant quatre mois
consécutifs d'un travail sans relâche, la première
lettre encyclique, dont tous les articles sont comme
autant de canons qui ont été adoptés unanimement et
sans réclamation par un très-grand nombre d'Evêques,
les seuls qui existassent en France, ou qui fussent
reconnus par les lois, et qui formoient ainsi toute
l'Eglise Gallicane dispersée. Il n'y eut que quelques
démissionnaires qui trouvèrent un peu trop de sévérité
dans l'article qui les concernoit; mais cette sévérité
même étoit mitigée par les exceptions que présentoit
une charité prudente et éclairée.

Pour rappeler le nerf de la discipline, on fit
imprimer le traité de St. Cyprien, sur ceux qui étoient
tombés dans la persécution *Delapsis*. (*a*). Les
exemples multipliés de punition éclatante, que la
vengeance divine exerçoit journellement contre ceux
qui avoient commis les plus grandes impiétés, firent

_____

(*a*) M. Royer en fut le traducteur et l'éditeur.

D

concevoir le desir de mettre au jour le traité de Lactance sur les morts des persécuteurs.

On mit tout en œuvre pour rallumer le flambeau presqu'éteint de la religion; les Presbytères furent invités à publier des instructions pastorales, principalement sur la nécessité de la pénitence; les prêtres, de répandre, autant que les circonstances le permettoient, la lumière de la science et de la doctrine; les savans à recueillir dans l'antiquité les morceaux les plus solides et les plus éloquens, pour relever l'excellence et les avantages inappréciables de la religion catholique; tous les Ecclésiastiques et Laïcs instruits à publier quelques écrits courts, mais touchants et lumineux, dont on rendoit compte dans un journal composé à cet effet.

On s'occupa aussi pendant long tems d'un Catéchisme universel pour toute l'Eglise Gallicane, et après de longues et mûres délibérations, on convint unanimement qu'on devoit s'arrêter au Catéchisme de Fleuri, par la raison que l'Historique répondoit parfaitement au plan de St. Augustin, dans son traité de la manière de catéchiser (*de catechisandis rudibus :*) et que le dogme y est énoncé d'une manière claire et précise, et débarrassé de toutes les difficultés qui se rencontrent dans les autres ouvrages de ce genre.

Ce fut alors que l'on se décida à instruire le Pape du zèle infatigable avec lequel on travailloit à défendre et à soutenir la religion. M. Primat fut chargé de la rédaction de la lettre, et il s'en acquitta avec un goût exquis, avec noblesse et dignité, et en même tems avec le respect et les sentimens de tendresse filiale dûs au chef de l'Eglise et au père commun des fidèles; mais les difficultés étoient alors si multipliées, qu'on ne put avoir le bonheur de la lui faire parvenir.

Un autre objet qui avoit fortement occupé M.

Clément, même avant sa détention, c'étoit la nécessité de remplir les siéges vacans, en se hâtant de
nommer de nouveaux Evêques, qui seuls font le
lien des différentes Eglises, et sans lesquels elles ne
peuvent subsister. Comme il connoissoit parfaitement
l'histoire de l'Eglise, il avoit été vivement frappé
de la conduite de celle d'Afrique, qui au fort même
de la persécution des Vandales, eut soin de faire
nommer, et consacrer secrettement des Evêques à
tous les siéges vacans, conduite que tenoient également les premiers chrétiens, au milieu des persécutions des empereurs ; chaque Evêque martyrisé
étant aussitôt remplacé par un autre que l'on nommoit
à sa place. M. Clément venoit de terminer son travail
sur cette matière, en février 1794, lorsque les ar-
chers, ou soldats de l'armée révolutionnaire arrivèrent
pour se saisir de lui. Ce mémoire fut confié à la
providence, retrouvé sous les scellés, présenté aux
Evêques, livré à l'impression, et mis à exécution,
dès que l'on fut convenu du mode d'élection conforme, non plus à la constitution civile du Clergé
qui étoit abolie, mais aux lois constantes de l'Eglise,
et particulièrement à celles du Concile de Nicée.

Les autres vues que M. Clément avoit présentées
aux Evêques, dès leur première entrevue, eurent
pareillement leur exécution avec le tems, avec la
patience, avec un courage persévérant, et sur-tout
avec la bénédiction de Dieu qui sembloit seconder
et animer de plus en plus le zèle de ce saint prêtre,
à travers les plus grands obstacles.

XVII. Comme plusieurs des Evêques de l'assemblée
étoient membres de la convention, on parvint peu-
à-peu à avoir des détails de tout ce qui se passoit
dans les provinces par rapport au culte.

Les ennemis de la religion étoient encore très-
puissans, et formoient la grande majorité de la

D 2

convention. Il fallût se déterminer à leur livrer un combat en forme, au milieu même de la convention. M. Grégoire, admis dans la société, peu après sa formation, le 13 décembre 1794, se sentit animé par le vœu de ses collègues, qui avoient représenté que les députés catholiques devoient prendre hautement la parole à la tribune pour la défense de la religion, et la liberté du culte catholique. En conséquence il composa un discours qu'il soumit à ses collègues le 20 décembre 1794, et dès le lendemain il se présenta à la convention avec un courage de lion, demanda la parole, et commença son discours : dès les premieres phrases il fut interrompu par les huées, les clameurs et les soulèvemens de l'impiété qui ne discontinuèrent pas un instant : mais, ferme comme un rocher au milieu de la tempête, contre lequel venoient se briser ces flots écumans de rage, il poursuivit son discours jusqu'à la fin. Cette lecture produisit dans presque tous les esprits une impression de fureur : il sembloit que toutes les foudres alloient tomber sur lui, mais le silence de la nuit, la force de la raison, et plus que tout, l'action toute-puissante de celui qui sait calmer les flots de la mer irritée, agirent sur les esprits, et les disposèrent à entendre avec plus de calme les discours de M. Baudin, de M. Durand de Mayence, et autres sur le même objet, qui avoient pareillement été préparés dans l'assemblée des quatre Evêques.

Les Evêques réunis firent aussi imprimer quelques ouvrages, et en particulier celui de l'abbé de Mably, intitulé : *principes sur la religion et la liberté des cult s.*

[1795.] Enfin après quatre ou cinq mois de difficultés toujours renaissantes, la veille de la Trinité, jour mémorable, où l'on avoit commencé, deux ans auparavant, à substituer au culte de Dieu en trois personnes, celui de l'idole de la liberté : le décret fut rendu ; la liberté du culte rétabli , et les temples r'ouverts , (le 30 mai 1795.)

Ce rétablissement de la liberté du culte ne fut point réservé aux seuls constitutionnels ; les dissidens jouirent également des heureux effets que produisit le zèle de M. Grégoire , sans lequel il eût été possible que la religion catholique disparût bientôt du sol de la France.

XVIII. Cependant le vœu général de la convention avoit devancé ce décret , et dès le tems de Pâques , on s'étoit vu en liberté de rentrer dans les Eglises , moyennant certaines formalités. Il restoit à Paris peu d'Eglises qui n'eussent été ou dévastées ou employées à des objets profanes. Celle de St. Médard se trouvoit libre.

Les fidèles soumis aux lois du gouvernement en demandèrent les clefs , et les obtinrent le dimanche suivant 20 avril , jour du Bon-Pasteur : l'un des quatre Evêques , M. Royer, s'y transporta ; et après avoir rebéni l'Eglise avec beaucoup d'édification , en suivant toutes les cérémonies du Rituel , il officia pontificalement , fixa les esprits inquiets sur la nature du gouvernement actuel de l'Eglise de France , par la lecture de la lettre encyclique qui pénétra tous les assistans de joie , de respect et d'admiration. Ce zélé Pasteur joignit à cette lecture une instruction qui dura près de deux heures ; il en fit autant l'après-midi. L'assemblée etoit nombreuse : tous fondoient en larmes , et eussent été disposés à passer la nuit pour entendre la parole de Dieu , dont ils avoient été privés depuis si long – tems. Il continua les dimanches suivans. Dans la semaine de la Pentecôte , il fit faire abjuration à un Mahométan. Le jour de la Fête - Dieu , les Evêques réunis

D 3

alors au nombre de cinq , se transportèrent à St. Médard avec tout le Clergé soumis aux lois du gouvernement , pour réparer par un hommage solemnel , les injures faites à Jésus-Christ pendant la révolution. Un Dais antique, d'une belle broderie, venu de la célèbre Abbaye de Port-Royal-des-Champs, servit à cette cérémonie. Un des Evêques portoit le St. Sacrement, les quatre autres tenoient les cordons du Dais, et un Clergé respectable représentoit les vingt-quatre vieillards, précédant à la procession, et environnant à l'Autel l'Agneau sans tache. Plusieurs Curés de Paris obtinrent chacun une Eglise. La plus importante étoit celle de Notre-Dame; elle fut accordée aux catholiques, et M. Royer vint en faire l'ouverture le 15 août 1795, Fête de l'Assomption de la Ste. Vierge , dont la protection sur la France se fit remarquer par plusieurs événemens importans pour le culte, qui dans les années suivantes arrivèrent le même jour.

XIX. A la liberté du culte se joignit la liberté des opinions religieuses. Le gouvernement décida de ne se plus mêler en rien de la religion. En conséquence il abandonna la *constitution civile du Clergé*, qui dès-lors cessa d'être regardée loi de l'état, et ne fut plus regardée même par les constitutionnels comme loi de l'Eglise. Si la convention eût alors rappelé les anciens Evêques, ceux-ci n'eussent éprouvé aucune opposition de la part des nouveaux, qui par le desir ardent qu'ils avoient de voir éteindre le schisme, étoient dans la disposition de sacrifier chacun leur siége au bien de la paix. Mais les raisons politiques ne permirent pas ce rappel , et d'ailleurs les anciens Evêques ayant donné leur démission entre les mains du Pape, c'étoit lui seul qui gouvernoit secrettement par des agens cachés , et qui avoit ainsi subjugué l'Eglise de France, en avoit écarté le régime épiscopale, et l'avoit soumise à sa domination, ne la traitant plus que comme *Eglise en mission.*

Ce plan ne pouvoit entrer dans les vues de M. Clément et des Evêques réunis. Ces Prélats sentirent l'importante fonction qui leur étoit réservée de défendre et de maintenir l'honneur, les droits et les libertés de l'Eglise Gallicane. Destitués de l'appui de la constitution civile du Clergé, ils se livrèrent avec un zèle infatigable, à rechercher dans toute l'antiquité depuis le Concile de Nicée jusqu'aux derniers Conciles œcuméniques, les bases d'un gouvernement hiérarchique conforme aux saints canons, qui convînt à toute l'Eglise en général, et à chaque Eglise nationale en particulier. Le fruit de leurs veilles et de leurs travaux fut la 2e. lettre encyclique.

M. Clément jouissoit de la satisfaction d'avoir réuni le peu d'Evêques qui se trouvoient à Paris, d'avoir réveillé leur zèle, d'avoir animé, soutenu et dirigé leurs travaux, et d'avoir ainsi contribué, autant que les circonstances le permettoient, à relever les ruines du sanctuaire, et à tirer la religion catholique des décombres sous lesquelles elle étoit presqu'ensevelie. Après six mois d'un travail soutenu sans relâche, voyant sa présence inutile à Paris, il se retira à sa chère solitude de Livry. Mais il ne pouvoit perdre de vue les besoins de l'Eglise, et ses maux qui étoient encore très-grands. Il en étoit occupé le jour et la nuit.

La joie qu'il ressentoit des travaux des Evêques, ne l'empêchoit pas de reconnoître que ce n'étoit encore là qu'un commencement; que leur autorité n'étoit pas suffisante pour donner du poids à tout ce qu'ils avoient entrepris, discuté et décidé; qu'une Eglise nationale, unie d'ailleurs à N. S. P. le Pape, comme

D 4

centre d'unité, n'avoit, il est vrai, besoin que d'elle-même pour se soutenir, se préserver des erreurs, et même pour se relever; qu'il en étoit dans tous les tems de toutes les Eglises nationales, comme de celles d'Afrique, et de toutes celles des premiers siècles; mais qu'un petit nombre d'Evêques, quelque pur et éclairé que fût leur zèle, ne pouvoit imposer des lois à toute leur Eglise nationale; que pour avoir force de lois, elles devoient être revues, discutées, sanctionnées, adoptées et promulguées par un Concile national, et que c'est dans l'adhésion aux Conciles, et particulièrement aux Conciles œcuméniques que consiste proprement la soumission à l'Eglise.

Plein de cette pensée, M. Clément adressa aux Evêques huit mémoires successifs, sur la nécessité d'un Concile national, sur les moyens d'y parvenir, sur les formalités à observer, sur les objets à lui présenter, etc. etc. Les Evêques se pénétrèrent de la lecture de ces mémoires, en sentirent toute l'importance, et comme la gravité de la matière, la multitude de détail qu'elle entraînoit exigeoit des séances plus longues qu'à l'ordinaire, on passa plusieurs journées entières à s'en occuper. Enfin tout paroissant suffisamment mûri, on dressa une lettre de convocation aux Evêques Métropolitains, avec un modèle de lettre à leurs suffragans, et le jour de l'ouverture du Concile étoit indiqué pour le 1er. novembre de la même année. En même-tems tout fut arrêté, le 18 août 1795, et sur le point d'être envoyé. Mais des raisons de prudence inattendues, ne permirent pas dans les circonstances de s'occuper de la convocation du Concile, ni de la lettre au Pape. Les Evêques se séparèrent, et ne se réunissoient plus que pour recueillir les matériaux de la 2e. lettre encyclique, en rédiger le travail, et lui donner la dernière forme, telle qu'elle parut en janvier 1796.

Le plan du Concile national n'eut sa pleine et entière exécution que deux ans après, le 15 août 1797.

XX. M. Clément profita de cette suspension, pour s'occuper des autres moyens propres à régénérer l'Eglise de France. Beaucoup de siéges étoient vacans par la mort, par la retraite ou par l'apostasie des Evêques. Cette vue accablante déchiroit son cœur. Tendrement attaché à l'Eglise sa mère, toutes ces pertes l'affectoient vivement. Persuadé que chaque portion d'Eglise, chaque Diocèse est l'assemblée des fidèles réunis aux Pasteurs, elle lui paroissoit cesser d'exister, du moment où elle étoit sans premier Pasteur qui pût concentrer tous les esprits et tous les cœurs dans l'union d'une même foi, et écarter par son autorité l'anarchie et les divisions intestines. Ce fut alors qu'il adressa son écrit sur la *nécessité de l'épiscopat* aux Evêques réunis à Paris, qui le jugèrent digne de l'impression.

Mais sa vigilance sur les besoins généraux de l'Eglise ne l'empêchoit pas de s'occuper des besoins particuliers de chaque Eglise. La paroisse de Livry, qu'il habitoit, étoit alors sans culte. L'Eglise avoit été dévastée, tous les carreaux brisés, et le Curé ne se sentoit ni assez de force, ni assez de courage pour rétablir le culte. M. Clément, malgré son grand âge, et la délicatesse de sa santé, ne fut arrêté par aucun obstacle. Il demanda au Curé son agrément, r'ouvrit lui-même l'Eglise en novembre 1796, la fit réparer, rétablit le culte, ramena les fidèles à leur paroisse. Les enfans se présentèrent en foule pour être instruits. M. Clément, malgré la rigueur de la saison, entreprit et suivit assidûment les catéchismes, qu'il entremêloit de cantiques, baptisa tous les enfans qui avoient été privés de ce Sacrement, et remit toutes les choses en bon ordre entre les mains du Curé. Il avoit fait en septembre la même opération à Creteil, lieu de sa naissance.

Après avoir pourvu aux besoins de sa paroisse, il s'occupa des moyens de pourvoir, autant qu'il étoit en lui, à ceux du diocèse de Versailles, à laquelle appartenoit la Paroisse de Livry.

En même-tems son zèle et sa sollicitude à rétablir la religion, le rendoient présent par-tout. L'Eglise ne peut se perpétuer sans engendrer de nouveaux ministres. Personne ne se présentoit pour celle de Paris. Il lui adressa un sujet qu'il avoit formé lui-même dès sa plus tendre jeunesse, et en fit le sacrifice pour le bien général. La grande foi de M. Clément le mettoit au-dessus de tous les obstacles. Il ne voyoit que le plus grand bien conforme aux lois de Dieu et de l'Eglise, et sembloit se jouer de toutes les difficultés. C'étoit alors un moment de crise où l'on recherchoit de tous côtés les jeunes gens pour la conscription ; cependant par une providence qui tient du miracle, l'ordination de celui-ci pour les 1ers ordres se fait publiquement dans l'Eglise de Notre-Dame de Paris, aux quatre-tems de décembre, réjouit les fidèles, ranime leur courage, et ouvre la voie pour d'autres ordinations qui se sont succédées par la suite.

[1796.] Le jeune homme, étant domicilié avec lui à Livry, se trouvoit être du diocèse de Versailles. M. Clément, voulant que tout fût en règle pour cette ordination, s'étoit adressé au presbytère de Versailles, (qu'il avoit lui-même excité à se former,) pour en obtenir un *démissoire.* Il leur demanda en même-tems une lettre *d'institution canonique* pour installer un Curé de ses environs. Invité par les membres du presbytère de s'unir à eux, pour les aider et les éclairer dans les fonctions qu'ils avoient à remplir,

il cède volontiers à leur demande, et s'occupe aussi-tôt
de tout ce que cette charge lui impose.

L'Eglise de Versailles étoit veuve depuis trois ans,
par la mort de M. Jean-Julien Avoine, son premier
Evêque. Ce respectable Prélat avoit été témoin des
premiers efforts de l'impiété pour renverser l'Eglise
de France, et du commencement des abominations.
Il en avoit été tellement affecté qu'il avoit succombé
aux atteintes d'une maladie qui le suffoqua en peu
de jours. Ce Prélat avoit témoigné la plus vive confiance à M. Clément qui demeuroit dans son diocèse,
en qui il avoit reconnu une grande ame dans un
corps usé d'infirmités, et accablé par le poids des
années.

Le premier soin de M. Clément, qui étoit l'ame
du presbytère, fut de rappeller au Clergé, et aux
peuples du diocèse la mémoire du vénérable Evêque
défunt, et d'ordonner des prières pour le repos de
son ame.

*Mandement sur la mort de l'Evêque de Seine
et Oise, par les Vicaires-Généraux du Siége
vacant.*

Un second mandement sur l'élection d'un nouvel
Evêque, parut ensuite, qui exposa au clergé et aux
fidèles, non-seulement la nécessité de l'épiscopat,
mais aussi les qualités qu'ils devoient rechercher
dans celui qu'ils éliront. C'est principalement d'après
S. Bernard, qu'il trace ce tableau dont les traits sont
si beaux, si touchans, et si utiles à considérer, que
nous regrettons de ne pas le rapporter tout entier.
Qu'on en juge par ce premier coup de pinceau. « Il
» faut, dit ce saint docteur, que ceux à qui on confie
» les premières places de l'Eglise ne craignent rien
» que Dieu, et qu'ils n'espèrent rien que lui. Il faut
» qu'ils jugent sainement de tout, etc. »

Une lettre pastorale du presbytère invite et rappelle

le Clergé à son renouvellement canonique, et est suivie d'une riche collection de Canons choisis, vol. *in-8°.* de 164 pages.

· La publication de cet important ouvrage leur est annoncée dans une autre lettre du *presbytère provisoire à tous les Prêtres qui occupent les titres des paroisses de ce diocèse*, où on leur rend compte de l'état actuel des choses.

Après avoir dépeint en peu de mots les horribles ravages du terrorisme, « Ne soyons plus, ajoute-t-on,
» des spectateurs oisifs de tous ces débris ; que le
» zèle de la maison de Dieu nous embrâse. *Ecce*
» *contriti sunt inimici nostri, ascendamus nunc*
» *mundare sancta et renovare.* 1. Judas Machab.
» 456.

« Un de nos premiers soins, nos chers collègues,
» dès que la liberté du culte a été rendue, devoit
» être de procurer au diocèse un lieu de rassemble-
» ment général, qui présentât au Clergé et aux fi-
» dèles le Siége épiscopal, celui d'une Eglise mère,
» d'une cathédrale, qui pût recevoir au besoin tous
» les chrétiens arrivant des différentes parties du
» diocèse. Nous étions occupés de cette sollicitude,
» lorsque la Providence qui veilloit sur nous est
» venue à notre secours. Le révérend Evêque du
» Bellai (M. Royer), nous a été envoyé par les
» Evêques réunis à Paris, comme un de ces anciens
» Evêques connus de l'antiquité sous le nom *d'in-*
» *tercesseurs* et *d'interventeurs,* qui secouroient les
» Eglises veuves. Ce Prélat nous a installés solem-
» nellement dans l'Eglise (de S. Louis à Versailles),
» que nous occupons pour vous, comme la première
» des Eglises de ce diocèse, où nous exerçons libre-
» ment le culte, et où par cet exercice même nous
» nous sommes établis pour répondre au diocèse de
» tout son gouvernement essentiel.... sous l'autorité

» centrale du Métropolitain de Rouen, au défaut de
» celui de Paris, qui est vacant.

« Depuis ce moment nous n'avons cessé de penser
» aux moyens de nous rallier à vous tous.... En at-
» tendant que nous puissions jouir de cet avantage,
» nous nous sentons portés, nos chers collègues, à
» renouveller dans tous les cœurs, autant qu'il est
» en nous, l'esprit de l'Eglise, sur sa discipline, sa
» morale, et le plus pur enseignement de tous ses
» dogmes; car le devoir de la charité nous presse,
» *caritas Dei urget nos.*

« A cet effet, nous vous offrons une collection
» précieuse des saints Canons, faite déjà ancienne-
» ment avec soin par des hommes très-éclairés et
» d'un profond discernement. Vous y trouverez des
» preuves de l'attachement inviolable que nous de-
» vons conserver pour la tradition, les avis les plus
» importans au Clergé sur la sainteté qu'il doit pro-
» fesser, sur la nécessité de son avancement conti-
» nuel dans la piété, par les retours fréquens sur
» soi-même, par la confiance en Dieu, par le zèle
» joint à la prudence et à la douceur, par l'esprit
» de pauvreté et de tempérance, par la fuite du
» monde et de toute ambition, par la retenue envers
» les personnes du sexe, et l'observation exacte des
» règles de la chasteté, par le respect dans les Eglises,
» et toute une conduite extérieure, modeste et exem-
» plaire; vous y trouverez l'importance de la science
» essentielle au Prêtre, et sur-tout de l'étude de
» J. C.; les principes de la justification, les qualités
» nécessaires à la conduite des ames, à la prédica-
» tion, à la consolation des malades, à la manière
» de faire utilement les catéchismes, et enfin l'obli-
» gation de la soumission franche et éclairée due
» à la puissance temporelle. »

XXI. M. Clément avoit prononcé son vœu pour

la convocation du Synode, et il ne tarda pas à l'exécuter, malgré les difficultés qui eussent arrêté tout autre, la rigueur et les incommodités de la saison, l'interception des voitures, la pénurie extrême d'argent, de pain et des comestibles les plus nécessaires à la vie, l'impossibilité, dans un moment où il étoit lui-même dépourvu de toute ressource, de pourvoir à la subsistance de ceux qui arriveroient. Il s'étoit convaincu de la nécessité du Synode par la lecture réfléchie du savant Traité de Benoît XIV, *de Synodo*. La loi parloit. Il ne voyoit rien autre chose, il falloit marcher en avant à l'exemple d'Abraham : *ambula coram me*. Si on lui faisoit quelqu'objection sur les difficultés à prévoir, sa vive confiance en Dieu répondoit pour lui. *Deus providebit. Dieu y pourvoira.* Ainsi par une lettre imprimée du 15 décembre 1795, adressée au nom du presbytère provisoire, il convoque tous les titulaires à un Synode général pour le 18 janvier 1796, fête de la *chaire de S. Pierre*. Ce n'étoit pas sans raison qu'il avoit choisi cette époque : « Car, disoit-il, pénétré du sou-
» venir de l'origine de notre Eglise Gallicane, nous
» faisons profession de l'attachement le plus sincère,
» et le plus inviolable à la chaire de Pierre, au centre
» de la communion catholique, d'où la foi en J. C.
» s'est répandue jusque dans ces contrées. *Atten-*
» *dite ad Petram, undè excisi estis.* J. 51, 1. »

Il leur met sous les yeux l'importance et la nécessité des Synodes diocésains. C'est par les Synodes diocésains, disent les Pères du deuxième Concile de Cologne en 1549, que se cimente l'union, que se conserve l'intégrité du corps de l'Eglise, que d'un commun accord, on se concerte sur l'exécution des réglemens qui doivent entretenir et perpétuer la foi, ranimer la piété, rendre la décence au culte divin, ramener en tout l'ordre et la subordination, et enfin faire refleurir la pratique de toutes les vertus. C'est ce qu'exprime en termes équivalens le Pape Benoît XIV dans son traité des Synodes, et ils ont été spécialement recommandés par le Concile de Trente, par S. Charles, par le célèbre Evêque de Vendôme Valerius.

« Mais, s'il est un tems où le Synode soit d'une
» absolue nécessité, n'est-ce pas celui où après un
» renversement total de la religion, les fidèles se
» trouvent comme des brebis sans Pasteurs. En va-
» cance de siége, c'est dans votre rassemblement
» synodal, que réside l'autorité. Le presbytère n'en
» peut avoir de réelle que quand vous l'aurez vous-
» même établi, confirmé, et que vous lui aurez in-
» timé vos ordres, et fait connoître vos intentions;
» et cette autorité ne subsistera que jusqu'au court
» délai de l'élection d'un Evêque qui ne pourra être
» mieux choisi que par votre Synode même, con-
» senti par le peuple, et confirmé par le Métropo-
» litain, selon toutes les anciennes lois de l'Eglise,
» et particulièrement le décret suivant du Pape Saint
» Léon. *Aucune considération ni aucun motif ne*
» *peuvent permettre de regarder comme Evêques,*
» *ceux qui n'ont point été choisis par le Clergé,*
» *qui n'ont pas été demandés par le peuple, qui*
» *ont été donnés sans le consentement des Evê-*
» *ques de la province, et par un autre consécra-*
» *teur que le Métropolitain.*

« En invitant aujourd'hui tous les Pasteurs qui
» occupent les titres actuels de ce diocèse, et qui
» pourront, autant que les circonstances le permettent,
» s'y trouver, nous sommes, ajoute-t-on, indis-
» pensablement obligés d'y convoquer, pour la
» régularité des formes, les ministres même qui sont
» tombés dans la persécution. Les formes exigent
» que ces ministres soient au moins entendus dans

» leur cause, si ce ne peut être pour y siéger en
» juges et en délibérans. Nous les y invitons donc
» effectivement, et sans manquer au devoir, nous
» leur disons : si nous vous invitons, ce n'est pas
» pour vous reprocher ce que votre chûte renferme
» de parjure contre vos sermens, et d'infraction aux
» lois ecclésiastiques de tous les tems et de tous
» les lieux...... Mais dès qu'ils seront rendus à la
» convocation générale par le droit de leurs titres,
» nous leur dirons que si leurs regrets sont aussi
» sincères que leurs chûtes sont profondes, nous
» pleurerons avec eux, nous recueillerons la chaleur
» de leur repentir ; nous leur dirons : vous pouvez
» autant édifier l'Eglise par votre pénitence, que vous
» l'avez affligée par vos scandales. Nous vous laissons
» à juger vous-mêmes de la conduite que vous devez
» suivre selon la teneur des canons de l'Eglise, enfin
» nous vous congratulons si vous êtes destinés à
» causer plus de joie aux Anges dans le ciel, que
» les justes foibles qui croient n'avoir pas besoin de
» faire pénitence.

» Eh ! Pourquoi, nos chers confrères, ne ferions-
» nous pas nous-mêmes cause commune avec ces
» anciens confrères ? Pourquoi ne mettrions-nous pas
» tous la bouche dans la poussière à l'exemple
» des saints Patriarches de l'Ancien-Testament, des
» Moyses, des Daniels, et des jeunes gens, qui au
» milieu même de la fournaise, se confondoient avec
» les plus grands pécheurs du peuple d'Israël, sans
» que le miracle de leur délivrance pût les empêcher
» de se pénétrer de l'esprit d'humilité et de com-
» ponction. *In spiritu humilitatis et in animo*
» *contrito suscipiamur à te, Domina.* Dan. III. 59.

On annonce en même-tems aux titulaires les principaux objets qui devoient occuper le Synode.

M. Clément, plein de confiance dans la canonicité

de

de ses démarches, ne tarda pas à se rendre, ou plutôt il sembla voler au Synode qu'il dirigea, et qu'il anima par ses lumières, par son activité, par l'ardeur de son zèle pour la restauration de l'Eglise, par la chaleur vivifiante de sa tendre piété.

Ce Synode, tenu dans des tems aussi difficiles, dans des circonstances où l'on étoit encore sous la verge du terrorisme, et de la persécution sourde du Directoire et des autorités subalternes, qui, à l'abri de la liberté des cultes, vouloient une autre religion ou plutôt qui n'en vouloient point ; cette sorte d'assemblée canonique, si conforme aux lois de l'Eglise, et seule assurée de l'assistance de l'Esprit-Saint, lorsque tout se fait dans les règles, mais dont l'Eglise de France avoit elle-même presque perdu la trace par le tems immémorial qu'il ne s'en étoit tenu de régulière, à cause du despotisme des deux puissances sous lequel elle gémissoit depuis plusieurs siècles ; ce Synode qui a été le premier effet de la liberté entière rendue à l'Eglise Gallicane détachée du gouvernement civil, et remise momentanément en libre possession de son gouvernement propre, dont elle n'eût peut-être cessé de jouir, si tous ses Pasteurs animés du même esprit en eussent senti les avantages, si par leur divine harmonie ils eussent entraîné l'admiration, le respect et la confiance du gouvernement, si au contraire une fatale division suscitée par l'ennemi de tout bien, n'eût pas forcé le prince de leur enlever un bien dont ils ne connoissoient pas le prix, qu'ils ne savoient pas régir, et qu'ils étoient indignes de posséder ; ce Synode, qui a servi de forme aux assemblées du même genre qui se sont tenues par toute l'Eglise Gallicane pendant l'espace de sept ans, Synodes diocésains en vacance de siége, ou en présence de l'Evêque, Conciles provinciaux ou métropolitains, Conciles nationaux ; ce Synode, dis-je,

E

nous a paru un monument de l'histoire de l'Eglise Gallicane, digne d'être inséré dans ses fastes, et qui mérite un développement dont les détails pourront intéresser la sainte curiosité de quelques lecteurs.

Le 18 janvier, jour indiqué pour le Synode, tomboit un lundi, jour favorable pour les Curés obligés nécessairement de se trouver à leur paroisse le dimanche.

A dix heures du matin le Clergé sortit processionnellement de la Sacristie en chantant les Litanies: à l'entrée du chœur l'Antienne, le verset et l'Oraison de la chaire de St. Pierre, Fête du jour, ensuite le *Veni Creator*, Tierce, la leçon de St. Grégoire indiquée dans le rituel, article *de Synodo*, puis la grande Messe suivie de sextes.

Au milieu de la Messe le Président prononça un discours dont le texte étoit ce verset du cantique des cantiques appliqué à l'Eglise.

Pulchra es, amica mea, suavis et decora ut Jerusalem, terribilis ut castrorum acies ordinata. Vous êtes belle, ô ma bien aimée, vous êtes pleine de douceur et d'agrément comme Jérusalem, vous êtes terrible comme une armée rangée en ordre de bataille.

1°. L'Eglise dans la paix a conquis les cœurs, et a formé le plus beau spectacle par sa douceur et sa charité, *pulchra, suavis..... et decora ut Jerusalem.* C'est le sujet de la première partie dans laquelle l'Orateur, aidé de Bossuet, dépeint la beauté de l'Eglise Gallicane, du côté de l'intégrité de sa foi, de la pureté de sa morale, des lumières répandues par ses Conciles, de la multitude des Evêques et des grands-hommes, éminens en science et en piété; de la sainteté, et de la richesse spirituelle des ordres religieux et des congrégations qu'elle a produites, et enfin de sa sagesse, de sa subordination aux lois de l'Eglise et de l'Etat.

2°. A ces avantages se joignent les persécutions qui sont une suite de la vocation au christianisme. L'Eglise alors attaquée jusque dans ses rangs, et dans son camp, s'y défend par la toute - puissance d'une main qui la rend invincible, elle devient plus forte par ses blessures, et jamais elle ne fut plus terrible au démon qu'au tems de ses martyrs. C'est l'avantage que l'Eglise de France aura dû recueillir des dernières épreuves par lesquelles elle vient de passer. Dans cette seconde partie on fait à l'Eglise de France une heureuse application de ce qui fut dit par l'orateur du Concile de Trente, à son ou-verture. « L'Eglise peut être agitée par les flots,
» mais elle ne peut être submergée. *Jactari potest,*
» *submergi non potest.* Ce qu'on a souvent éprouvé
» dans les siècles passés, ajoute l'orateur du Concile,
» ne s'est jamais renouvellé plus sensiblement qu'il
» n'a été de nos jours ; car au moment où l'Eglise
» se trouvoit tellement mise en danger par les flots
» de nos crimes, qu'elle paroissoit toucher à une
» perte certaine, et qu'on pouvoit désespérer en-
» tièrement de sa conservation, qu'on n'entendoit
» de toutes parts que les vents violens des séditions,
» le bruit général des guerres, que de tous côtés on
» n'y rencontroit que ténèbres, et apparences de
» morts; que le vaisseau de l'Eglise, brisé, sans rame,
» sans gouvernail, étoit livré à tous les caprices des
» flots, voici tout-à-coup, tandis qu'il ne nous res-
» toit plus même de conseils à demander, que la mer
» s'est calmée, que le bruit effrayant des flots a cessé,
» et que la clarté du jour la plus inespérée nous a
» rendu une salutaire tranquillité.

» Jésus-Christ, oui Jésus-Christ lui - même, cet
» astre unique, seule ressource des hommes, ré-
» veillé par les cris de leur danger, est venu à leur
» secours. Il a commandé aux vents et à la mer, il

E 2

» a appaisé les tempêtes. Il nous a montré son flam-
» beau. toujours assuré aux rassemblemens ecclé-
» siastiques formés dans l'Esprit-Saint, il a appellé
» à lui par sa voix toute-puissante notre vaisseau
» battu des orages, et prêt à faire naufrage; et aussi-
» tôt, à cette voix divine, à la lueur de cette inspi-
» ration du ciel, notre vaisseau a tourné sa proue au
» point où nous nous trouvons. »

Ici vient le tableau des maux de tout genre que l'Eglise de France vient d'éprouver.

Que faut-il faire, ajoute-t-on, pour rétablir cette Eglise dans toute sa force? Il faut y remettre l'ordre: *ut castrorum acies ordinata*, et c'est le sujet de la troisième partie. Au milieu de ces troubles, et de ces scandales, tout l'ordre de son armée a été mis en souffrance, il faut que, pour se réparer, elle se réordonne dans le plan de ses premiers Canons, de sa première vigueur, comme elle étoit dans sa première jeunesse. C'est ce que l'Eglise de France ne peut trop s'empêcher de faire, s'ordonner dans toutes ses parties, *ut acies ordinata.* Ne perdons pas un moment: relevons au plutôt sa hiérarchie dans son plan essentiel, son épiscopat, tout son ministère: raffermissons ses dogmes ébranlés dans les esprits par les blasphêmes des impies; sa morale, celle de l'Evangile souillée jusque dans le sanctuaire; sa discipline enfin, celle des premiers temps réclamée dans le cœur par les saints de tous les siècles. C'est alors que notre Eglise sera, selon l'expression de l'Esprit-Saint, terrible comme une armée rangée en bataille, *terribilis ut castrorum acies ordinata.*

Mais il faut de l'union.... et après s'être étendu sur cet objet qui eut été si désirable, on termine par la belle invocation de la paix par S. Grégoire de Naziance, dans le tems du schisme d'Antioche.

Ce desir de l'union et de la cessation du schisme

étoit profondément gravé dans le cœur de M. Clément. Avant le Synode il avoit fait auprès du Chef des Prêtres dissidens, soit par lettres, soit par visites affectueuses, toutes sortes de démarches d'honnêtetés, de déférence, d'invitation à se trouver lui et ses Prêtres au Synode, à y présider, à y concerter ensemble dans l'esprit de charité les moyens de se concilier, et de travailler tous d'un commun accord au bien de la religion et au rétablissement de l'Eglise, en conformité avec les saints Canons. Toutes ces démarches ne produisirent d'autres effets qu'un silence honnête, mais absolu, sur les matières de la religion, et sur les moyens de ralliement. Ces mêmes démarches se réitérèrent ensuite au nom du Synode, et n'eurent pas plus de succès.

En conséquence de l'inutilité des premières démarches de ralliement, les membres du Clergé se réunirent l'après-midi du même jour pour la formation du bureau, Président, Secrétaire, Promoteur et Congrégations destinées à se partager les travaux.

On vérifia les titres des présens et les procurations des absens, et on jugea une affaire contentieuse qui concernoit l'un des membres.

Le lendemain, après le *Veni Creator*, et la Messe, les membres composant le Synode se réunirent dans la sacristie, revêtus de l'étole pastorale, autour d'un bureau sur lequel étoient exposés des saintes reliques, une bible, et un recueil de canons.

Le Président fit un discours dans lequel il annonça les divers objets dont devoit s'occuper le Synode.

Le Promoteur présenta ceux qui devoient fixer la présente session.

Le Synode fit un premier statut sur sa formation en Synode.

On fit la profession de foi, et on récita le *De profundis* pour l'Evêque défunt.

E 3

Le Président proposa un réglement sur la manière de se comporter dans le Synode, et le Synode l'adopta, et statua qu'on s'y conformeroit.

Suivent plusieurs statuts, et un en particulier de discipline ecclésiastique, relative aux circonstances, pour user d'indulgence en faveur des prêtres qui, par foiblesse ou par terreur, avoient livré leurs titres, sans y attacher d'importance; et qui d'ailleurs en témoignoient leurs regrets, et pour exclure absolument des fonctions ecclésiastiques, les prêtres mariés, et ceux qui s'étoient souillés par quelques crimes pendant la révolution.

Ainsi se termina la première session, qui avoit été préparée, ainsi que le furent les suivantes, par le travail de l'après-midi et de la nuit.

Dans la seconde, celle du mercredi, sur la proposition du Promoteur, les membres du presbytère provisoire donnèrent leur démission, et on procéda à la formation d'un presbytère définitif, le tout accompagné de discours intéressans adaptés aux circonstances passées et présentes.

On fit les statuts relatifs à l'organisation du diocèse que l'on divisa en Archiprêtres et en Doyennés; et l'Eglise de St. Louis, la première ouverte au culte en faveur des catholiques soumis aux lois de l'Etat, fut statuée devoir être la cathédrale.

La 3e. session eut pour objet divers objets de discipline essentiels pour le renouvellement de la piété, le choix et les devoirs des Pasteurs, la récitation du Breviaire, la décence et le respect dans la célébration des saints Mystères, l'assiduité de la prédication et des catéchismes, la conduite des confesseurs au tribunal de la pénitence, l'instruction jointe à la sainteté des dispositions qu'exige l'admission à la sainte Table, particulièrement pour la première communion.

Enfin l'élection d'un Evêque par un nouveau Synode,

fut arrêtée pour le 25 février, et on rédigea aussitôt la convocation en forme de lettre synodale ; une autre lettre à N. S. P. le Pape fut aussi rédigée : dans cette lettre on met sous les yeux de sa Sainteté les actes du Synode tenu en conformité des avis du Saint Siége consignés dans le traité de Benoît XIV *de Synodo*, et on lui rend compte des motifs qui ont déterminé la tenue du Synode, et des travaux auxquels on s'est livré.

Dans la même session on statua, et on rédigea un mandement du Synode pour le carême. Le but de ce mandement est de raffermir à la foi, dont les fondemens avoient été ébranlés par le débordement des mœurs, et par les principes d'une fausse philosophie. On commence par établir les preuves certaines, invincibles et inébranlables de la révélation chrétienne. On s'attache à la démonstration des faits qui nous conduisent comme par la main d'abord à J. C., dont la naissance est constatée par les registres du peuple Romain, puis à Abraham dont J. C. étoit descendant, et que les peuples d'Orient regardent encore aujourd'hui comme leur Patriarche. Abraham étoit contemporain de Sem, fils de Noé, et de là jusqu'à Adam il n'y a que trois générations parmi lesquelles le fil de l'histoire de l'origine du monde n'a pu se perdre. Ensuite on considère l'homme au sortir des mains du Créateur, sa dégradation, et celle de ses descendans par le péché originel, la nécessité d'un Rédempteur et d'un Sauveur, et la venue de ce divin Sauveur, par lequel seul nous pouvons sortir de l'esclavage du démon, rentrer en graces avec Dieu, et recouvrer les avantages inestimables de la justice chrétienne.

Dans la 4ᵉ. session le Promoteur proposa les autres objets qui devroient occuper le prochain Synode. On lui donna acte de ses réserves, et l'après-midi, les fidèles ayant été avertis, et s'étant réunis à la Cathedrale, un des membres rendit compte au peuple des opérations du Synode. Cette lecture fut terminée par les acclamations d'usage relatives aux circonstances.

Ensuite le Président dit : vous plait-il, mes chers et vénérables confrères et collègues, de déclarer que le présent Synode a rempli tout ce qu'il se proposoit, et qu'en conséquence le Synode est terminé et résolu ? Tous se levèrent et répondirent ; cela nous plaît, *placet*.

On chanta, avec la plus grande solemnité, le Pseaume *Ad te levavi oculos meos*, et le *Te Deum*. Le Diacre entonna sur le ton des annuels : *Ite in pace*. R̂. *Deo gratias*. Après quoi les membres du Synode se donnèrent le baiser de paix, et se retirèrent.

XXII. Rien ne peut égaler l'ordre, le calme, la tranquillité avec lesquels se firent les opérations du Synode pendant tout le tems de sa tenue, mais il n'en fut pas de même des suites : il s'éleva de tous côtés des tempêtes impétueuses dont M. Clément eut seul à supporter la violence, et qu'il sut dissiper par sa sagesse et par la force de ses raisons. Les seuls dissidens ne trouvèrent point à réclamer, et au moins ne se présentèrent pas, ne pouvant sans doute se dissimuler combien toute sa conduite étoit dirigée par la science, la piété, la charité, l'amour de l'Eglise, et combien elle étoit conforme aux saints canons. Mais les impies lancèrent de toutes parts le venin de leur rage. Ils ne pouvoient l'attaquer que du côté des lois de l'Etat, ils prétendoient que le Synode les avoit violées, et cherchoient ainsi à le compromettre avec le gouvernement ; c'étoit le crime ordinaire que les payens intentoient contre les premiers chrétiens ; mais en cela même les dissidens lui servoient de défenseurs, puisque son crime, à leurs yeux, étoit sa trop grande subordination aux lois de l'Etat. Aussi M. Clément n'eut-il pas de peine à repousser les reproches que lui intentèrent à ce sujet les journalistes, ce qu'il fit dans un petit imprimé, intitulé *mémoire aux journalistes qui ont parlé du Synode de Versailles*, 1 mars. Il leur démontre combien ses expressions avoient été mésurées et incapables de choquer le gouvernement et les lois de l'Etat ; soit dans la lettre au Pape, soit dans les jugemens ecclésiastiques, soit dans le refus d'admettre au service de l'Eglise les prêtres mariés, soit dans la convocation même du Synode, qui loin de menacer, comme on le disoit, la tranquillité publique, ne servoit qu'à l'établir ; et il força ses accusateurs indiscrets de convenir que les actes de ce Synode ne respiroient que le patriotisme le plus pur, le plus tendre esprit de concorde, et l'acquit de tous les devoirs d'Etat. Il s'en rapporte aux lumières et à l'impartialité des journalistes qui ont à cœur de diriger l'opinion publique vers la vérité, l'innocence et la justice. Il eut aussi à se défendre par rapport au zèle apostolique, et en même-tems plein de charité, avec lequel il avoit reproché à la ville de Versailles de n'avoir point assez profité des grandes vérités qu'elle avoit entendues de la bouche des Bossuet, des Fénélon, des Bourdaloue, des Massillon.

Mais ces attaques littéraires ne furent rien en comparaison des procédures criminelles intentées contre M. Clément.

La première portoit sur un fait très-innocent en lui-même, et conforme aux nouvelles lois de la liberté des cultes et de l'abandon des Eglises aux catholiques, mais qui avoit fort irrité les impies. Ils avoient fait peindre sur le frontispice de la Cathédrale les attributs d'une divinité payenne. Après la cloture du Synode, un Laïc qui y avoit pris un vif intérêt, fut choqué à la vue de ce tableau, et proposa à quelques amis l'idée d'effacer cette espèce d'inscription si disparate avec le statut qui venoit de consacrer cet édifice pour être la Cathédrale du Diocèse. Cette idée ne fut pas plutôt présentée, qu'on l'exécuta à l'instant. Le tableau fut échaudé et effacé. Deux jours après, ordre à M. Clément de comparoître devant le Commissaire national. Le Laïc coupable de ce prétendu délit, auquel M. Clément n'avoit aucune part, informé de ce qui se passoit, vouloit aller se présenter ; mais M. Clément l'en empêcha ; c'est à moi, dit-il, à répondre de tout. D'ailleurs, ajouta-t-il avec son intrépidité ordinaire, il est bon que la vérité comparoisse devant les tribunaux : c'est ainsi qu'elle a triomphé dans les premiers siècles, lors même qu'elle paroissoit vaincue, à en croire les clameurs des impies. Cette affaire devoit avoir les plus grandes suites : elle fut prolongée quelque tems, et enfin M. Clément entendu, elle se termina à une légère amende prononcée par le Juge de Paix, et les prêtres de S. Louis furent déchargés de toute accusation.

Bientôt après survint une nouvelle procédure intentée par le même Commissaire national au sujet du Synode et de ses actes imprimés. Il requiert le ministère du Juge de Paix qui procède et conclut que son procès-verbal seroit communiqué au tribunal de la police correctionnelle, pour être ordonné à ce que de raison. En conséquence le Président et le Secrétaire du Synode reçurent le mandat de comparoître, le 18 février 1796. M. Clément, en qualité de Président du Synode, développa dans cet interrogatoire public non-seulement sa grandeur d'ame, son urbanité, mais encore ses profondes lumières en jurisprudence civile et en droit canonique. Il fut cependant condamné aux arrêts, et retenu captif à Versailles jusqu'à la fin de la procédure. Mais il avoit tellement plu par sa loyauté et sa franchise, qu'un des Juges témoigna regretter de ne pouvoir, en sa qualité de

Jugé, servir de caution à cet honnête homme. Un autre, instruit en jurisprudence, lui demanda si ce n'étoit pas sous lui qu'il avoit fait ses études de droit, parce qu'en effet il y avoit eu un professeur de droit, qui portoit le même nom de *Clément*.

Le tribunal, après en avoir mûrement délibéré, et avoir remis son jugement à 24 heures, déclara qu'il étoit incompétent pour le porter.

Mais l'affaire n'en resta pas là.

M. Clément, plein de confiance en la bonté de l'œuvre qu'il avoit entreprise, concevant même les avantages que le gouvernement en pourroit retirer, et d'ailleurs ennemi de la clandestinité, avoit fait part au Magistrat de police des actes du Synode, aussitôt qu'ils furent imprimés. Ce Magistrat peut-être déjà prévenu, et craignant pour la tranquillité publique tout ce qui porte le nom de rassemblement, fit part de ses inquiétudes au Directoire.

En conséquence, le 20 février 1796, émane du Directoire un arrêté qui ordonne 1°. de fermer l'Eglise de St. Louis, 2°. d'empêcher la réunion, le rassemblement convoqué au 25 février pour l'élection d'un Evêque, 3°. de dénoncer à l'accusateur public près le tribunal criminel de Versailles, les auteurs et signataires des actes du Synode.

En exécution de cet arrêté, le 25 février les portes de l'Eglise de St. Louis furent fermées dès six heures du matin, et les scellés y furent apposés. La convocation, quelque générale qu'elle eût été, n'avoit amené qu'un très-petit nombre de Curés et de bons habitans de la campagne, sincèrement attachés à leur religion. Ils reconnurent l'inutilité de leur voyage, et s'en retournèrent.

M. Clément, voyant la tournure grave que pouvoit prendre cette affaire, dit aux prêtres de St. Louis : « Je ne veux pas que vous soyez victimes : pourvoyez

» à votre sûreté ; s'il y a ici quelque crime aux yeux
» de la loi, je suis le plus coupable, je reste, et je
» répondrai à tout. » Les prêtres de St. Louis lui répondirent qu'ils ne l'abandonneroient pas plus que
le diacre Laurent n'avoit abandonné St. Xiste.

Conformément à l'arrêté du Directoire, les poursuites furent faites contre le Président et le Secrétaire
du Synode, et contre les prêtres de Versailles.

Ceux-ci furent interrogés, le 7 mars 1796, par le
directeur du juri du tribunal criminel. M. Clément
subit son interrogation le 11.

Pendant que le jugement se poursuivoit en toute
rigueur, un des Evêques réunis à Paris, Représentant
du Peuple, étoit occupé du soin de démontrer au
Magistrat de police, et au Directoire, l'innocence
des accusés, la sincérité de leur patriotisme, la
futilité des craintes que sembloit inspirer leur démarche, et au contraire l'avantage inestimable que
retireroit le gouvernement de l'appui qu'il donneroit
aux prêtres amis de la patrie, plus capables que tous
autres d'inspirer aux peuples le respect et la fidélité
envers les autorités constituées, de leur prêcher par
leur exemple et par leurs discours les vertus sans
lesquelles la France ne pouvoit se régénérer.

La vérité présentée sans détour triomphe aisément
des cœurs qui n'ont point intérêt à la combattre.
La religion se montra aux premiers Magistrats de
la république sous ses véritables traits. Le Magistrat
de police fut convaincu de l'innocence des accusés,
et le Directoire, par un arrêté en leur faveur, adressé
aux autorités constituées de Versailles, eut voulu
suspendre la poursuite du jugement; mais la procédure
étant entamée, fut suivie avec toute la rigueur de la
loi ; elle dura plus de six semaines. Enfin, après le
plus mûr examen, le juri spécial d'accusation prononça, le 17 avril 1796, *qu'il n'y avoit lieu à*

accusation contre les auteurs et signataires de différens écrits imprimés, dont un intitulé : Actes du Synode tenu à Versailles, etc. -

Les prévenus furent aussitôt mis en liberté définitive, et l'Eglise de St. Louis ouverte.

Telle fut l'issue de cette affaire qui changea tout-à-coup la disposition des esprits. Au commencement tous blâmoient M. Clément, ou faisoient des plaisanteries à son sujet : ses amis même l'accusoient de témérité. Mais quand on vit son zèle couronné du succès, on admira sa foi, sa prudence, son courage et sa fermeté. Ce premier Synode servit de modèle à ceux qui se tinrent dans la suite, il démontra qu'il étoit possible que l'Eglise reprît son existence canonique, qu'elle rentrât dans ses droits et ses anciens usages, et il ouvrit la voie au Concile national. Que n'eut pas eu à espérer l'Eglise de France, s'il se fût trouvé dans son sein beaucoup d'hommes qui à la foi, au zèle et à la science de M. Clément eussent joint la vigueur de l'âge, l'éclat de l'éloquence et les autres talens extérieurs dont étoit dépourvu ce vénérable vieillard, et si tous eussent senti le bonheur de se réunir d'un commun accord, pour se former en Eglise nationale, et se ranger sous les étendarts de la discipline canonique établie par tous les Conciles!

Mais le défaut de soutien n'empêcha pas M. Clément de continuer à exécuter, selon son pouvoir, tout ce que lui sembloient commander les lois impérissables de la primitive Eglise.

XXIII. Après quelques mois de repos à Paris, à la suite de la longue tourmente qu'il venoit d'éprouver, il s'occupa de nouveau de l'élection d'un Evêque; à la suite d'une délibération du presbytère, du 26 septembre, il adressa le 4 octobre 1796, une lettre circulaire, au nom du presbytère, pour l'élection d'un Evêque. Il ne fut plus question d'un

rassemblement de Curés qui eut été capable de faire
un nouvel ombrage au Gouvernement. Quelque
canonique que fût cette forme d'élection, les Evêques
réunis venoient, dans leur seconde lettre encyclique,
d'en présenter une autre aussi conforme aux usages
de l'Eglise d'Occident, plus convenable aux circonstances, et dans laquelle étoient également respectés, selon le vœu des Canons, les droits du Clergé
et du peuple. Selon ce plan, c'étoit chaque Paroisse
qui nommoit par scrutin sur la présentation du Curé.
Le résultat étoit adressé par le Curé au doyen rural,
qui les envoyoit aux Archiprêtres, et ceux-ci au
Presbytère. Le premier scrutin pouvoit n'être que
préparatoire, et présenter une foule de sujets parmi
lesquels on prenoit les trois qui avoient réuni le
plus de voix. Le choix devoit tomber sur l'un des
trois dans un second scrutin, à la pluralité, et s'il
se rencontroit encore quelque difficulté, on renvoyoit
à un troisième scrutin définitif.

On venoit de nommer, suivant cette forme, un
nouvel Evêque de Colmart, et ce fut celle que proposa
le presbytère de Versailles. Mais dans l'état des
choses, plusieurs obstacles s'opposoient dans certains
Diocèses à une réunion imposante des voix, 1°. l'in-
souciance, l'indifférence, le mépris même des peuples
pour la religion, jointe à un reste de terreur. 2°. La
viduité de la plupart des Paroisses qui manquoient
de Pasteurs. 3°. La prévention du plus grand nombre
de Pasteurs, qui accoutumés à l'ancien usage, et
peu sensibles à l'antiquité, à la sainteté et aux
avantages de l'observation des lois canoniques de
l'Eglise, rejetoient la liberté rendue à l'Eglise Gallicane de reprendre ses anciens droits, et suivoient
aveuglement les suggestions de quelques particuliers,
dépourvus de toute autorité réelle, mais représentant
à leurs yeux celle du Pape, ou de l'ancien Evêque

qui s'étoit refusé au serment de soumission aux lois de l'Etat. Tel étoit le Diocèse de Versailles, qui d'ailleurs étoit un Diocèse nouveau, composé de sept ou huit Diocèses, dont la plus grande partie du Clergé ne reconnoissoit point sa nouvelle création, et tenoit à la portion d'ancien Diocèse dont il avoit été détaché.

En conséquence, il y eut un petit nombre de Paroisses qui votèrent, mais au refus des autres qui avoient été averties et invitées, ce petit nombre représenta l'universalité.

Les voix ayant été très-partagées dans le 1er. scrutin, on envoya une deuxième lettre circulaire du 5 octobre 1796, pour avertir que le premier scrutin n'avoit réuni sur aucun la majorité absolue des voix, écarter les sujets inéligibles, selon les saints Canons, tels que les Evêques déjà pourvus d'un Diocèse, et les tourner vers quelqu'un qui, aux qualités essentielles à un Evêque, réuniroit les forces physiques, nécessaires pour l'administration d'un Diocèse aussi vaste. Par cette clause M. Clément, à raison de son grand âge, auroit voulu détourner les voix qui s'étoient déjà portées sur lui; il n'y réussit pas. La majorité des voix, à ce second scrutin, se réunit en sa faveur ; mais, sur ses représentations et sa demande, l'Evêque de Meaux, qui faisoit les fonctions de Métropolitain de Paris, en vacance de Siège, écrivit le 26 janvier 1797, au Presbytère de Versailles, pour demander un nouveau scrutin définitif.

[1797.] XXIV. Le Presbytère y fit droit; une 5e. lettre circulaire du Presbytère, du 28 janvier 1797, jointe à une de l'Evêque vice-Métropolitain, est adressée pour l'élection d'un Evêque ; M. Clément réunit la majorité absolue des voix, fut nommé et proclamé Evêque de Versailles.

Mais la délicatesse de M. Clément et sa scrupuleuse

exactitude à observer les anciennes règles de l'Eglise,
ne lui permirent pas de se croire en possession de son
titre ; il exigea une formalité prescrite par les Conciles,
et dont on voit quelques exemples, surtout dans l'histoire du célèbre Himmar, Métropolitain de Rheims ;
cette formalité étoit l'examen de l'Elu. M. Clément,
quoiqu'octogénaire, et surpassant en science ecclésiastique le plus grand nombre des Prêtres et Evêques,
voulut se soumettre à cette formalité, soit par humilité, soit pour donner l'exemple de l'observance des
anciennes règles, soit pour rendre ce nouveau témoignage à la vérité, et justifier sa doctrine et sa conduite à ses contemporains et à toute la postérité. Il
fallut obéir à ce qu'il exigeoit, et il fut invité à se
présenter par-devant l'Evêque de Meaux, assisté de
plusieurs Évêques : l'examen fut très-sérieux, parce
que le préjugé commun n'étoit pas en faveur de M.
Clément.

1re. Question. On commença à lui demander s'il
n'avoit pas influencé les esprits par rapport à son élection. Il n'eut pas de peine à se défendre de ce soupçon
par l'invitation même qu'il avoit faite dans les circu-
laires, de jeter les yeux sur quelqu'un dont la vigueur de l'âge lui permît de suffire au travail.

La 2e. et 5e. questions roulèrent sur des formes
dans lesquelles il démontra qu'il avoit suivi les lois
de l'Eglise.

On vint ensuite à son personnel ; 4e. question.
« Quelle a été votre première éducation paternelle
» et de famille ? R̊. Né de parens chrétiens, père et
» grand-père, j'ai appris d'eux à ne mettre que dans
» la crainte de Dieu le fondement du bonheur. J'ai
» fait mes études au collége de Mazarin, qui possé-
» doit encore les célèbres professeurs de sa fonda-
» tion. J'ai pris de Pourchot les premières connois-
» sances de philosophie. Ce défenseur de Descartes
n'enseignoit

» n'enseignoit encore que la prémotion générale de
» Dieu sur les créatures. Je fis plus amplement ma
» philosophie sous le célèbre Geffroi, licencié de
» Sorbonne, qui professoit la prémotion physique
» particulière, *ad singulos actus,* et dont la morale
» étoit toute la substance de la doctrine de Saint-
» Augustin la plus exacte.

» 5ᵉ. Question. Quelle a été votre éducation ec-
» clésiastique ? ℞. Au sortir de ma philosophie, j'ai fait
» trois années de droit; pendant trois autres années
» j'ai étudié l'Histoire Ecclésiastique, aidé des con-
» férences de l'abbé Goujet, et en même-tems la
» théologie dans Opstraet, Huïgens, Decocq,
» Witasse, Contenson, etc., et j'étois dirigé dans ces
» études par d'excellens conseils.

» 6ᵉ. Question. *Visne episcopari ?* ℞. Je n'ai
» jamais eu l'ambition de l'épiscopat. Mon étroite
» liaison avec un Evêque (M. de Caylus), dont les
» lumières et la vertu le tenoient éloigné des faveurs
» de la Cour, n'étoit pas pour moi un grade pour
» m'élever aux dignités ecclésiastiques......

» 7ᵉ. Question. Quel parti avez-vous pris dans les dé-
» bats sur les décrets d'Alexandre VII, et de Clément
» XI, l'acceptation ou l'appel ? ℞. Pour vous rendre
» compte, R. E., de l'opinion que je me suis formée
» de l'état des contestations, vous me permettrez de
» remonter à l'origine des troubles, et de vous pré-
» senter le tableau de ces contestations, tel qu'il s'est
» peint à mes yeux.

» Je vois la sainte Assemblée du Concile de Trente,
» dont l'autorité auroit dû fixer tous les esprits, décré-
» ter les points qu'on a agités depuis, et chasser de
» son sein, en s'écriant unanimement *foras Pela-*
» *giani,* les auteurs des troubles qui suivirent; cer-
» tains membres d'une Congrégation célèbre vou-
» loir s'opposer au souverain pouvoir de Dieu sur

» le cœur de l'homme, et restreindre sa motion
» directe sur le cœur, à la seule illumination de
» l'esprit. Le fait est constaté dans les actes authen-
» tiques conservés aux archives du Vatican, dans
» le château Saint-Ange.

» Peu après je vois le chef d'un parti trop fameux
» se révolter ouvertement contre la décision du Con-
» cile, allumer le feu de la discorde par la publica-
» tion de son livre *de concordiâ gratiœ et liberi*
» *arbitrii*; anéantir un mystère sur lequel Saint-Paul
» s'étoit écrié : *ô profondeur des jugemens de*
» *Dieu*, et dont Saint-Augustin avoit développé si vic-
» torieusement tous les détails contre les Pélagiens,
» prétendre ouvrir sur la matière de la grace une so-
» lution que personne n'avoit inventée jusqu'à lui,
» et introduire par conséquent une de ces nouveautés
» profanes que l'Eglise a toujours rejettées.

» Je vois à l'instant l'Eglise toute en feu, toutes
» les inquisitions d'Espagne informées de ces nou-
» veautés, entendre les disputes des congrégations
» opposées, le Pape Clément VIII en évoquer la dé-
» cision, former à cet effet ces célèbres Congréga-
» tions *de Auxiliis*, dont les séances durèrent
» nombre d'années, y présider en personne, fixer les
» esprits par l'autorité irréfragable des Saints Pères
» et de la tradition ; enfin, après une discussion com-
» plette sur tous les points, se déterminer à pronon-
» cer son jugement......, et à l'instant une main in-
» visible couper le fil de ses jours par une mort im-
» prévue...........

» Je vois le Pape Paul V lui succéder, reprendre les
» Congrégations, les terminer, les conclure par une
» Bulle qui se voit encore aujourd'hui dans les ar-
» chives de SANT AGOSTINO........, mais des considé-
» rations politiques le déterminer à supprimer cette
» Bulle, à épargner l'erreur, à sacrifier la vérité re-

» connue, et imposer silence aux deux partis, ou
» plutôt rendre à l'erreur, que l'impunité seule rendit
» plus hardie, la liberté de se prononcer et de jeter
» dans l'Eglise la confusion qui y règne depuis plus
» de deux siècles.

» Je vois en effet, dès ce moment, les troubles se
» perpétuer et s'animer de plus en plus : les uns pro-
» pager le systême d'invention humaine qu'ils
» s'étoient fait, et en infecter les écoles : les autres
» réclamer pour la doctrine constante et perpétuelle
» de l'Eglise : le combat s'engager en forme ; l'Evêque
» d'Ipres, pénétré des dangers que couroit l'ensei-
» gnement du Docteur de la grâce, dont il avoit lu les
» ouvrages trente fois avant que d'écrire, consigner
» toute la doctrine de ce saint Docteur avec ses
» propres expressions dans l'ouvrage intitulé *Augus-*
» *tinus*, (le terminer par un parallèle, où les
» erreurs des semi-Pélagiens étoient confrontées
» exactement et identifiées avec celle des novateurs
» modernes dont les passages étoient cités avec pré-
» cision ;) ces novateurs confondus s'envelopper dans
» les équivoques, prendre le terme de grâce dans un
» sens tout opposé à celui de Saint-Augustin, con-
» fondre les mouvemens de la grâce excitante avec
» cette grâce puissante et efficace qui convertit les
» âmes, *convertens animas*; dire hardiment *que la*
» *grâce de Dieu est donnée à tous les hommes*, et
» réduire toute leur doctrine à ce principe, tandis
» que Saint-Augustin professoit qu'on ne pouvoit être
» catholique, sans reconnoître que la grâce de Dieu
» n'est point donnée à tous les hommes, QUIA CA-
» THOLICI SUMUS, SCIMUS GRATIAM NON OMNIBUS HO-
» MINIBUS DARI.

» A l'abri de ces équivoques, et forts de la pro-
» tection qui leur étoit assurée, je les vois travailler
» à rejeter sur leurs adversaires la tache d'hérésie

F 2

» dont ils les avoient couverts, être vingt-cinq ans
» à forger, avec un artifice inexprimable, cinq pro-
» positions auxquelles ils prétendoient réduire toute
» la doctrine de l'*Augustinus*, en obtenir d'abord
» la condamnation, sans nom d'auteur, sous Urbain
» VIII, les faire condamner par Innocent X, sans
» en vouloir expliquer le double sens, dont l'un étoit
» Luthérien, et l'autre conforme à la doctrine de
» Saint-Augustin sur la grâce efficace ; se faire forcer,
» sous le gouvernement de Mazarin, de nommer l'au-
» teur (prétendu) de ces propositions qui ne se trou-
» voient réellement pas dans son livre ; engager le
» Clergé de France à y joindre un serment, flatter,
» sous ce point de vue, Alexandre VIII, et lui faire
» dresser un formulaire dont il enjoignit la signature.
» De-là le trouble horrible des consciences droites,
» l'agitation extrême des hommes éclairés qui ne de-
» mandoient, sur le fonds, que l'explication des
» équivoques : et qui, sur le fait de savoir si ces
» propositions étoient ou n'étoient pas dans l'Augus-
» tinus, consentoient, par amour de la paix, à une
» soumission respectueuse : les vexations si inouies,
» le désordre si extrême, que la Cour de France,
» pour y remédier, obtint du Pape ce que l'on ap-
» pela la paix de Clément IX ; paix qui, dépourvue
» d'une explication franche, laissa bientôt renaître
» les inculpations opposées ; et les noms de parti
» arrêtés ensuite pour quelque tems par le Bref
» d'Innocent XII, adressé aux Pays-Bas, *défendant*
» *de taxer d'erreur, et d'inculper personne qui*
» *n'enseignât le texte même des cinq propo-*
» *sitions.*

» Ici je vois un moment de calme qui dura tant que
» la vie et la supériorité de Bossuet put en imposer
» aux amis des équivoques, mais qui cessa dès l'année
» même de sa mort par la Bulle VINEAM, qui fit

» renaître toutes les vexations du passé, en de-
» mandant de nouveau une condamnation indéfinie
» de propositions qui présentoient un double sens ;
» celui de l'erreur, condamnation à laquelle tout
» le monde étoit près à souscrire, et celui des vé-
» rités essentielles sur lesquelles rouloit toute la
» contestation. Les maux n'en restèrent pas là. Je
» vois en 1711, puis en 1713, un fléau nouveau
» apporter dans l'Eglise la condamnation aussi in-
» déterminée de plus de cent propositions qu'on
» donne comme le développement des cinq proposi-
» tions proscrites par le formulaire d'Alexandre VIII;
» cette fameuse Bulle de Clément XI, condamner
» tant de vérités de la plus évidente clarté, et de la
» plus haute importance pour le dogme, la discipline
» et la morale, que de toutes parts le cri de la foi
» se soulève, que les Evêques les plus soumis aux
» décisions de la Cour de Rome, sont obligés de
» couvrir la nudité de cette Bulle, par l'explication
» dite des quarante Evêques, en 1714 et 1720, par
» le *corps de doctrine*, infiniment plus exact de cent
» Evêques du Clergé de France, et tel que le Pape
» lui-même, Benoît XIII, frappé de la nécessité de
» sauver la pure doctrine du Saint-Siége de l'in-
» fluence de ce fatal décret, et éclairé par l'ouvrage
» du P. Serry, intitulé : THEOLOGIA SUPPLEX, crut
» devoir renfermer toute la doctrine de cet écrit en
» *douze articles* qu'il se proposoit de publier. Il
» mit au moins la doctrine de Saint-Augustin à cou-
» vert par la Bulle DEMISSAS PRECES, et Clément XII
» celle de Saint-Thomas par la Bulle PRETIOSUS.

» Mais quelle foible digue pour appaiser le schisme
» violent qui alloit jusqu'à faire en France deux re-
» ligions de deux manières opposées de penser ! Quel
» torrent dévastateur que celui qui, à l'aide de
» soixante mille lettres de cachet, lancées de tous

» côtés pour forcer l'opinion publique, renversa tous
» les établissemens publics, et enleva de place tous les
» hommes qui faisoient alors l'honneur de la France !
  » Le triomphe de l'erreur étoit à son comble, elle
» seule parloit, agissoit et mettoit le bouleversement
» partout, à l'aide des deux fameuses pièces qu'elle
» mettoit en avant, et qu'elle avoit extorquées de
» Rome pour s'autoriser. Elle devoit son exaltation
» à la loi du silence de Paul V qui avoit fermé la
» bouche à la vérité ; il falloit une autre loi du si-
» lence pour la réduire, et arrêter ses vexations.
» Louis XV, observant donc que sous Benoît XIV on
» ne donnoit à Rome aucune influence dans l'ensei-
» gnement aux décrets qui agitoient si violemment .
» son Royaume, concerta avec ce sage et savant
» Pape une *déclaration* qui rétablît la paix par l'in-
» jonction du silence. Benoît XIV l'appuya d'un
» Bref aux Evêques de France, qu'il communiqua
» en consistoire au Sacré Collège, en décembre
» 1756. Benoît XIV y traite de vexations les ques-
» tions de soumission sur les faits auxquels on don-
» noit tant d'importance, *vexatissimas facti quæs-*
» *tiones*, pour la Bulle UNIGENITUS, dit toujours
» *Benoît XIV, ce n'est pas la résistance seule*
» *de ceux qui ne s'y soumettent pas, qui peut*
» *constituer leur délit : on ne peut le comparer à*
» *celui de la prévarication contre une loi certaine,*
» *telle que seroit la proscription de l'usure. Car*
» *ceux qui résistent aux censures dont il s'agit,*
» *prétendent ne le faire que de peur de compro-*
» *mettre la doctrine du Saint-Siége, et celle de*
» *l'Ecriture et des Pères ; ce qu'il faut donc*
» *considérer en ce point, c'est l'intention de ce-*
» *lui qui résiste,* quâ mente.
  » J'ai vu de près par moi-même les suites qu'ont
» eues des considérations aussi sages, sous Clément

» XIII, Clément XIV et Pie VI. J'ai eu la conso-
» lation de voir que les censures à doubles sens
» surprises aux Papes pendant deux siècles, furent
» toujours balancées par les déclarations les plus
» précises de l'attachement, constant et perpétuel
» du Saint-Siége à la doctrine des Saints-Pères, et
» particulièrement à celle de S. Augustin; ce qui
» (en écartant l'infaillibilité personnelle des Papes)
» est une espèce d'indéfectibilité du Siége de Rome,
» à laquelle je crois devoir rendre hommage, en
» déclarant que je suis disposé à souscrire sans ré-
» serve à la perpétuelle tradition de l'enseignement
» positif de l'Eglise de Rome... Le Pontificat actuel
» me confirme dans cette disposition, Pie VI n'a
» voulu laisser aucune équivoque sur sa façon de
» penser des deux fameux décrets qui ont tant éclaté
» dans l'Eglise. Il eut celle de Benoît XIV, dont il
» fut d'abord le secrétaire de confiance, et il a re-
» poussé d'une manière solemnelle tout trouble que
» l'on voudroit renouveler dans l'Eglise sur la
» constitution UNIGENITUS, lorsqu'en 1782, en son
» voyage de Vienne, éloigné de toute influence de
» la Cour de Rome, il déclara dans sa réponse à
» tous les Evêques de Hongrie réunis en son au-
» dience, que CE N'ÉTOIT QUE DANS LES ÉCOLES
» *qu'on pouvoit disputer sur l'enseignement dog-*
» *matique* de *cette Bulle*. Le Siége de Rome ne
» lui donne aucune place dans l'enseignement de
» l'Eglise; elle est renvoyée aux vaines disputes des
» écoles.

» Si chacun se soumet à cette solemnelle décision
» du Pontificat actuel, nous sommes tous d'accord,
» et il ne me reste que de jouir, Rév. Evêq., des
» droits de mon tendre et respectueux attachement
» à l'épiscopat de France. Il ne peut manquer à mon

» bonheur que d'en jouir dans le silence et l'obs-
» curité. »

La 8ᵉ. Question roula sur l'attachement de M.
Clément à l'Eglise de Hollande, et à Port-Royal.

Il se défendit sur le 1ᵉʳ. article, en exposant les
raisons qui l'avoient lié avec l'Eglise de Hollande,
et qui l'avoient convaincu de la pureté de sa foi,
de la certitude de ses droits canoniques, et de
la régularité de sa conduite : et en leur présentant
les témoignages que lui avoient rendus les hommes les plus distingués par leur science et leurs talens, comme par leur rang, il ajouta que Benoît
XIV jugeoit sainement de l'innocence et des droits
de ce Clergé, quoique les préjugés de sa cour, et le
crédit des adversaires de cette Eglise ne lui permis-
sent pas de rendre à cette Eglise affligée, la justice
qui lui étoit due ; et que la plupart des autres Papes
en avoient pensé comme Benoît XIV.

« Pour Port-Royal, dit M. Clément, il seroit sans
» doute superflu de me défendre de l'opinion favo-
» rable, dont je l'ai vu jouir depuis le Nord, au
» fond de la Hollande, jusqu'à Reggio en Calabre,
» et aux lieux où l'on découvre la pointe de l'Afrique,
» et depuis les bords du Danube où j'ai été lié avec
» le Prélat Wiltola, confesseur de feue l'Impéra-
» trice-Reine, jusqu'aux Canaries, dont le saint et
» savant Evêque, avec lequel j'étois également lié,
» vient d'être placé sur le Siége d'Osma en Espagne.
» La plupart des Papes ont connu et protégé le
» monastère de Port-Royal ; la bonne odeur de ses
» vertus s'est répandue par toute l'Eglise, et y a
» formé la plus grande émulation. On aime partout
» à entendre parler des noms d'Arnauld, Pascal,
» Nicole, etc., qui n'ont offusqué que la société de
» leurs implacables adversaires. Le Cardinal qu'on
» força de détruire cette sainte maison, alla depuis

» la pleurer sur ses ruines, au rapport des témoins
» oculaires de ses regrets et de ses sanglots. »

La 9°. et dernière question fut celle-ci. Quel parti
avez-vous pris, lors de la retraite des anciens Evêques,
sur l'établissement canonique de l'Episcopat, qui a
rempli leur place.

R̥. « Je n'ai point hésité à croire que la retraite
» générale des anciens Evêques ne fut aussi dé-
» pourvue de fondement que nuisible à la Religion,
» et capable, surtout dans un siècle d'apostasie et
» d'incrédulité, d'attirer la clôture des Eglises, qui
» en effet s'est opérée depuis. J'ai cru que la forme
» donnée à l'Eglise de France dans la circonscription
» nouvelle des territoires, étoit fondée sur la pra-
» tique et les réglemens de l'Eglise dans tous les
» tems......; j'ai tenu pour principe que cette organi-
» sation civile, qui servoit de base à tout, étoit le
» produit légitime de la vraie loi de la Nation vé-
» ritablement souveraine, lorsqu'elle est assemblée
» en corps délibérant, et à laquelle son représen-
» tant même est soumis. J'ai vu ce principe pro-
» fessé par les hommes les plus éminens en science ;
» j'ai publié moi-même plusieurs écrits à l'appui de
» ces principes et spécialement une analyse de ceux
» de Saint-Augustin.

» .... On me verra donc toujours disposé à rendre
» à l'autorité temporelle toute l'obéissance due, selon
» l'Apôtre, à cette puissance établie de Dieu ; et
» prêt à offrir à l'autorité spirituelle, dans le pré-
» sent examen, toutes et telles réponses de soumis-
» sion qu'on voit le célèbre Himmar exiger des
» sujets élus pour l'Episcopat, avant que d'accorder
» son jugement en leur faveur. »

Ainsi finit cet examen que M. Clément fit imprimer pour servir à la postérité, sous le titre de *questions faites au R. Evêque élu de Versailles, par*

son Métropolitain, avant son sacre, et réponses.
12 *Mars* 1797.

On s'est permis quelques changemens dans le style quelquefois embarrassé, peu correct, et difficile à entendre.

XXV. M. Clément fut sacré le même mois, le second dimanche de Carême; il en instruisit son diocèse par une lettre pastorale du 7 avril, qui commence ainsi :

« Augustin-Jean-Charles, appelé par la mission
» divine de Jésus-Christ à l'Episcopat, et par l'élec-
» tion canonique du Clergé et des fidèles au Gouver-
» nement du diocèse, sis au département de Seine et
» Oise, en communion avec le Saint-Siége Aposto-
» lique ; à tout le Clergé et les fidèles de ce diocèse,
» salut et bénédiction en Jésus-Christ le divin pas-
» teur de nos ames.

» Nos chers coopérateurs et nos chers frères,
» En vous adressant aujourd'hui la parole pour la
» première fois, nous n'avons pas besoin, comme
» d'autres, de lettres de recommandation pour éta-
» blir notre autorité auprès de vous ; c'est vous-
» mêmes qui nous avez appelés selon les règles des
» Canons ordonnés dès la fondation de l'Eglise, et
» nous nous portons à ce siége munis de la mission
» divine que nous a conférée l'imposition des mains
» de Jésus-Christ, parvenue jusqu'à nous par une
» tradition apostolique non interrompue. Que vous
» faut-il de plus pour confondre les contradicteurs
» de notre autorité ? Pendant douze siècles il fut
» constamment de la doctrine de toute l'Eglise qu'il
» ne falloit nulle autre mission que celle du fils de
» Dieu même pour accréditer celui des Ministres de
» Jésus - Christ qu'auroit fixé le choix des fidèles.
» COMME MON PÈRE M'A ENVOYÉ JE VOUS ENVOIE,
» dit Jésus-Christ : ALLEZ, INSTRUISEZ TOUTES LES

» NATIONS ; il n'y a que l'ignorance et le mépris de
» l'antiquité qui aient introduit l'erreur, qu'il faille
» de plus une autre jurisdiction. *Avant le treizième*
» *siècle*, dit Bossuet, *on n'avoit jamais entendu*
» *parler d'une idée si absurde.* »......

Dans cette même lettre pastorale il convoque le
Synode pour le 11 juillet.

XXVI. Le 1er Mai 1797 il adressa au Pape Pie VI,
en latin et en françois, sa lettre de communion,
dans laquelle il proteste de son inviolable attachement
au Saint-Siége, comme chef et centre de toute la
Communion Catholique, qui doit se réunir à sa primauté ; il relève ses droits et l'éclat de tant d'illustres
Papes qui ont soutenu, par leur savoir et leur autorité,
le vaisseau de l'Eglise agité par les hérésies ou les
persécutions, et par cette dernière considération il
invite respectueusement sa tendresse paternelle à
venir au secours de l'Eglise de France.

Dans le premier Synode, le presbytère avoit proposé
une fête d'actions de grâce pour la *restauration de la
liberté du culte*, et l'avoit fixée au dimanche de la
Trinité ; cependant les Evêques réunis ayant adopté
cette fête, et l'ayant fixée au 5e. dimanche de la
Pentecôte, M. l'Évêque de Versailles en avertit le
Clergé et les fidèles de son Diocèse, et profita de
cette occasion pour les instruire sur la fausse dévotion
au sacré cœur, dont la fête se célébroit en ce jour
dans quelques Eglises.

« Je ne me dissimule point, mes frères, leur dit-
» il dans sa lettre pastorale du 10 juillet 1797, qu'en
» ce jour, 5e. dimanche de la Pentecôte, l'usage
» s'est répandu depuis quelques années, de célébrer
» en beaucoup d'endroits un supplément nouveau
» à la fête avec octave que nous célébrons en l'hon-
» neur du Saint-Sacrement. On a appelé ce sup-
» plément, introduit par plus de zèle que de lumière,

» la fête *du sacré cœur de Jésus ;* mais de concert
» avec mes collègues, qui n'y ont point eu d'égard,
» je me fais un devoir de vous dire que l'Eglise n'a
» point adopté jusqu'ici un pareil supplément. Faites-
» vous-en une juste idée, et vous verrez que si
» l'Eglise repousse cette fête comme une nouveauté,
» c'est qu'elle la regarde comme superflue ou dan-
» gereuse. Le savant Pape Benoît XIV la rejeta,
» à ce titre de nouveauté qui déplaît essentiellement
» à l'Eglise. Les trois Papes qui lui ont succédé,
» Clément XIII, Clément XIV et Pie VI, ont jugé
» d'autant plus constamment de se refuser à cette fête,
» qu'en même-tems qu'elle n'ajoute rien de solide
» au culte de la religion, ils ont trouvé dans sa
» pratique un danger évident, c'est celui de séparer
» expressément la divinité et l'ame de Jésus-Christ
» d'avec son saint corps, ou une partie même
» de ce corps, le cœur de chair, *cor carneum;*
» pur nestorianisme, proscrit dès l'origine de l'E-
» glise ; erreur, qui décomposant la sainte Incarna-
» tion de Jésus-Christ, entraîne jusques dans l'ido-
» lâtrie. Le Verbe divin uni hypostatiquement à notre
» nature qui consiste en deux substances, le corps et
» l'ame, ne forme en Jésus-Christ qu'une seule per-
» sonne, un seul ensemble qu'il n'est pas permis
» de séparer par plusieurs adorations distinctes.

» Une multitude d'écrits savans publiés à Rome
» sous Clément XIII, et par son autorité, ont dé-
» veloppé fidèlement ce dogme salutaire et divin,
» établi par toute la tradition du Saint-Siége ; et les
» décrets de ce Pape préparés par ces ouvrages lumi-
» neux, proscrivent l'innovation dont nous parlons,
» d'une manière précise et solemnelle. »

Dans cette même lettre pastorale, il prescrit des
prières à l'occasion de la maladie du Pape Pie VI,

se plaint d'être seul à porter le poids accablant du ministère, *torcular calcavi solus*, etc.

XXVII. Le 11 juillet se tint le second Synode de Versailles, conformément à la convocation qu'il en avoit faite dans sa lettre pastorale du 7 avril 1797.

Dans ce Synode on s'occupa des objets relatifs à l'organisation du Diocèse, et à sa discipline ecclésiastique, et l'on s'occupa particulièrement à rédiger un mémoire pour être présenté, au nom du Diocèse de Versailles, au Concile national que M. Clément sollicitoit fortement, auquel il avoit préparé les voies depuis plus de deux ans, pour la tenue duquel il se donna des peines inexprimables, et montra une foi, un courage et une générosité dignes des premiers siècles.

Ses travaux et ses efforts furent couronnés du plus heureux succès.

Au milieu du terrorisme qui captivoit encore tous les esprits, sous les yeux même du Directoire, et à la proximité de son palais, par une protection presque miraculeuse de la providence, se tinrent pendant trois mois sans discontinuité, à l'hôtel de Pons, rue des Sts.-Pères, que M. Clément avoit loué en son nom, les sessions du 1er. Concile national qui s'ouvrit le jour de l'Assomption, 15 août 1797, dans l'Eglise de Notre-Dame de Paris, et dont la clôture se fit solemnellement et dans toutes les formes, le 12 novembre suivant.

XXVIII. Dès que les actes du Concile national furent imprimés, M. Clément instruisit son Diocèse de la clôture du Concile, et convoqua son Synode pour en faire recevoir les actes. Sa lettre pastorale est du 18 novembre 1797. Il adressa ensuite, à différentes époques, divers avis à son Clergé, pour l'exécution des réglemens de discipline ecclésiastique. Son troisième Synode n'eut lieu que le 24 avril de l'année suivante 1798. On y remarque entr'autres ces deux articles sur la pénitence.

L'intégrité de la jurisdiction sacerdotale et curiale, étant incontestable dans le principe des pouvoirs de l'ordre, le Synode estime ne devoir admettre aucune *réserve*, même pour les délits les plus éclatans et publics.

On observera dans ce Diocèse sur la pénitence publique, la pratique de la métropole ancienne de Sens.... que l'absolution de tel délit public ne sera accordé que sur l'aveu public, et la déclaration du repentir du coupable : que les cas d'indulgence dans cette pratique, seront rares, personnels, et proportionnés à la connoissance des dispositions de pénitence dont le discernement appartient au propre Pasteur.

M. l'Evêque publia cette assemblée synodale à la suite d'un avis au Clergé du 1er. mai 1798.

XXIX. Le mois suivant il publia des observations très-sages sur l'accord de *l'indissolubilité du mariage* en lui-même aux yeux de tout Chrétien, et de la *tolérance du divorce* accordée par les Législateurs françois sur les mêmes principes qu'elle fut accordée par Moyse, le législateur des Juifs.

Les tems étoient encore difficiles, et beaucoup d'esprits religieux, mais peu éclairés, étoient troublés par la loi du gouvernement qui avoit assigné aux décades le jour du repos, et sembloit ainsi avoir ôté aux fidèles tout pouvoir de sanctifier les jours de Dimanche.

M. Clément, toujours plein de respect et de subordination aux lois de l'état, et en même-tems défenseur intrépide de la loi de Dieu, présenta au Clerge et aux fidèles de son Diocèse le moyen de concilier tous les devoirs dans une instruction pastorale du 11 novembre 1798.

Il commence par établir l'obligation indispensable
de sanctifier le dimanche, mais il remonte aux beaux
siècles de la primitive Eglise, pour y découvrir le
moyen de célébrer cette sainte solemnité, qui consistoit essentiellement dans l'instruction et l'oblation
du saint sacrifice, sans déroger aux lois de l'Etat,
ni aux occupations journalières des citoyens.

« Il n'y a rien, dit-il, de plus simple et cepen-
» dant de plus auguste que l'état de la célébration
» de la lithurgie de l'Eglise dans ces premiers mo-
» mens, dans ceux, où malgré cette simplicité, rien
» ne manquoit au parfait complément de son culte,
» ni à l'édification apostolique. On voit que le jour
» propre, certain, incommuable, qu'on appeloit le
» jour du Seigneur, étoit le dimanche. Les autres
» jours, tous se portoient à la prière publique dans
» le temple, tant qu'il subsista. Mais on se retiroit
» dans le secret des maisons, pour rompre le pain de
» l'Eucharistie, *frangentes circa domos panem.* Le
» secret ne permettoit pas que la célébration de cette
» lithurgie influât aucunement sur les rapports pu-
» blics de la société, Act. c. 11, v. 46. Les chrétiens
» convertis à la parole des Apôtres, ne quittoient
» sûrement pas pour cela leur état, leur commerce,
» les devoirs de leur emploi, ni ce qu'ils devoient de
» subordination aux autorités constituées, et à tous
» ceux de qui ils dépendoient. »

» On voit au ch. 20 des actes, comment l'Apôtre
St. Paul passoit le tems de ce saint jour du dimanche,
pour la célébration du culte divin. Il y célébra les
saints mystères le premier jour de la semaine. Mais
à quelle heure se forma cette assemblée? Il instruit ses
disciples depuis le soir de la veille jusqu'au milieu
de la nuit. *Protraxit sermonem usque in mediam
noctem. ib.* S'agit-il de consommer le sacrifice? On

monte au lieu le plus retiré de la maison, on y participe à l'hostie et au précieux sang : *ascendens, frangens panem, et gustans ;* et St. Paul entretient en ce moment dans la plus grande ferveur, les cœurs des fidèles tous brûlans de la présence de Jésus-Christ. Il leur décharge son cœur jusqu'à l'arrivée du jour, et termine ainsi la solemnité du dimanche. Quel fruit les fidèles ne recueilloient-ils pas de cette simplicité de culte, qui laissoit les cœurs enflammés de l'amour de Jésus-Christ. Le nombre des fidèles augmentoit de toute part. *Dominus augebat qui salvi fierent quotidie in idipsum.* »

« Un modèle si accompli a été fidèlement imité par les Evêques, successeurs des Apôtres dans le cours des trois premiers siècles de l'Eglise, sous les violentes et continuelles persécutions des Empereurs.... »

La loi de l'Eglise puisée ainsi dans sa source, et dans la pratique de la plus saine antiquité, M, Clément montre qu'elle ne souffre point d'atteinte des travaux auxquels on pourroit se trouver obligé par la loi de l'état, que ces travaux étoient par eux-mêmes innocens, et que ce qui profanoit réellement le dimanche, c'étoient les divertissemens profanes auxquels la plupart des chrétiens prostituoient ce saint jour. En conséquence il invite les Pasteurs à indiquer pour les rassemblemens aux jours saints, des heures qui ne pussent en rien gêner les travaux journaliers, les matins pour le saint sacrifice de la Messe, et l'instruction ; le soir, pour le chant des Pseaumes et l'Office vespéral.

[1799.] La mort du Pape Pie VI donna lieu à une lettre pastorale que M. Clément publia le 14 septembre 1799, et les approches de l'année cen-tenaire allumèrent son zèle au sujet du Jubilé, qui depuis plusieurs siècles s'ouvroit à cette époque. M. Clément jugea convenable de la prévenir en

instruisant

instruisant les fidèles de son diocèse sur la nature et les effets du Jubilé. Il publia l'excellent écrit du célèbre *Palmieri* sur les indulgences, adressa à son peuple plusieurs mandemens pour les inviter à la pénitence, afin de les rendre capables de profiter du bienfait de l'indulgence qui ne doit s'accorder qu'aux vrais pénitens. Il y développa les véritables principes de la pénitence et de la justice chrétienne, et sans infirmer les excellens effets de l'appel général aux prières du corps de l'Eglise, par la Bulle Jubilaire du Pape, il démontra que l'indulgence proprement dite, appartenoit à chaque Evêque à qui l'on venoit présenter les pénitens dont les crimes auroient mérité une plus longue pénitence, qui étoit abrégée par l'Evêque, lorsqu'il trouvoit dans les pénitens les dispositions convenables.

XXX. Le 17 Mars 1800, notre Prélat citoyen donna, à l'occasion de l'ouverture de la campagne, un mandement qui n'est point, comme il arrive si souvent, le langage de la flatterie, mais l'expression vive et sincère des grands sentimens dont son ame étoit pénétrée.

« Nos très-chers frères et concitoyens :

» Votre usage national est de n'entrer jamais en
» campagne sans demander au Dieu des armées de
» bénir vos drapeaux......., faisons-le aujourd'hui par
» des prières ferventes et empressées, dans une crise
» du monde entier qui est las de la guerre, et des ra-
» vages qu'elle entraîne avec elle. Répandez, Sei-
» gneur, l'esprit de vertige sur toute puissance qui
» penseroit autrement, comme vous enlevâtes à
» Achitophel l'esprit de conseil à la prière de David,
» fuyant la poursuite d'un fils révolté : *infatua*
» *quæso, consilium Achitophel*; éloignez dans
» nos ennemis la soif de l'or, et faites cesser l'énorme

G

» abus qu'ils en font pour corrompre les nations et
» coaliser des guerres.

» Quelle confiance ne nous inspire pas la pro-
» tection que vous nous avez donnée jusqu'ici par
» un seul homme! Dieu a conduit tous ses pas, et
» rendu célèbres ses succès dans toutes les parties de
» l'univers. Il est évident qu'il a paru comme un
» éclair parmi nous ; Dieu l'a appelé lui-même à ses
» ordres, comme il appela le grand Cyrus, son
» serviteur; les nations ont dit d'Alexandre-le-
» Grand qu'il se trouvoit trop à l'étroit dans l'espace
» du monde de son tems : *œstuat angusto in limine*
» *mundi*, et l'Esprit-Saint a dit beaucoup mieux que
» toute la terre se tut en sa présence, *siluit terra in*
» *conspectu ejus*, 1. Mach. XI. 38 ; n'est-ce pas ce
» qu'on peut dire d'un héros dont on cite les victoires
» depuis les glaces du *Texel*, jusqu'aux feux brûlans
» de la Ligne, aux sources du Nil? Que ne peut pas,
» Seigneur, une nation conduite ainsi par vos mains
» toute-puissantes, partout où l'ordonnent vos dé-
» crets, vous, devant qui le monde entier n'est
» que comme une goutte d'eau qui filtre d'un vase
» fêlé : *gentes quasi stilla situlæ reputatæ sunt.*
» Il. XL. 15.

» Comment nos ennemis osent-ils provoquer en-
» core une nation qui les a forcés si souvent de dire,
» à la vue de nos avantages : le doigt de Dieu est
» ici : *digitus Dei est hìc.* Exod. VIII. 9.

» Que le Seigneur daigne inspirer à nos foudres de
» guerre cet esprit des François qui les rendit vain-
» queurs sous Clovis....., et qui les porta du champ
» de bataille aux eaux du baptême qu'ils recurent à
» Rheims, des mains de Saint-Remy. Si vous daignez,
» Seigneur, faire de tous ces héros autant de repré-
» sentans des illustres soldats de la légion *Thébéenne*,
» qui préférèrent la mort à la perte de leur sainte et

» auguste religion; quels seront les hauts faits qui les
» couvriront de gloire! Ce ne sera plus seulement une
» courageuse fermeté qui affronte la mort, parce
» qu'elle ne reconnoît plus rien après elle, ce sera
» cette foi vive qui, dans la vie future, perce au de-
» là du voile de la chair, pour y voir, avec la survie
» d'une ame immortelle, l'attente de la récompense
» promise au serviteur fidèle, et la punition qui
» menace les lâches et les tièdes. Ce seront alors des
» hommes qui, comme l'Ecriture Sainte le dit des
» Machabées, seront, pour la défense de leur cause,
» prets à percer des murs de fer : *muros ferreos pa-*
» *rati penetrare.* 2. Mach. xi. 9.

» Alors *notre général*, imitateur fidèle des ver-
» tus d'Auguste, et de la sagesse de son gouvernement,
» BONAPARTE, qui auroit, dans le tems de cet il-
» lustre Empereur, fermé le Temple de Janus, pour
» ouvrir le siècle d'or que Dieu avoit destiné à la
» naissance de son fils : NOTRE CONSUL plus heureux
» qu'AUGUSTE, et imitateur du *grand Constantin*,
» donnera à l'Eglise et aux Etats une *paix* qui les
» consolera de tant de fléaux. Puisse arriver parmi
» nous ce moment heureux de la consommation des
» grandes vues qu'il vient d'annoncer.....! Les Fran-
» çois oublieront alors, selon son desir, tous les noms
» de parti, la charité vivra dans tous les cœurs des
» Catholiques, et une vertueuse prospérité dans tout
» l'Etat; la société oubliera tous les délits passés, et
» l'Eglise voudra enfin que nous ne soyons plus tous
» qu'un troupeau et qu'un Pasteur.

» Pour nous, tandis qu'Israël combattra dans les
» plaines, nous tiendrons toujours les mains élevées
» vers le ciel ».

XXXI. Le 29 avril 1800, M. Clément annonça à
son diocèse l'avénement de Pie VII au Saint-Siége,
conformément à l'usage perpétuel de l'Eglise de faire

mention en ses *dyptiques* au canon de la messe , du chef de l'Eglise, Evêque de Rome ; il ordonna que le nom du Pape Pie VII seroit employé au canon de la messe , et dans toutes les autres parties du service divin où l'usage le requiert.

XXXII. Le 17 juin 1800, avis et invitations aux fidèles de profiter de l'exposition du Saint-Sacrement pendant l'octave de la Fête-Dieu, pour redoubler leurs prières à l'effet d'obtenir la paix.

« Quel touchant spectacle pour la foi, que celui de
» la providence de Dieu sur les Empires ! Celle qui
» veille sur la France nous rappelle sans cesse aux
» pieds des autels, *tantôt* pour y présenter nos de-
» mandes dans les plus grandes crises, *tantôt*, et
» presqu'aussitôt pour lui rendre nos actions de grâces
» de ses bontés. » Tel fut le début du mandement
que M. Clément publia dix jours après le 27 juin ,
pour ordonner un TE DEUM en actions de grâces de
la victoire de MARINGO. Il fit en même - tems imprimer pour son diocèse une édition du discours
de Bonaparte à Milan , en faveur de la religion
catholique.

Le 25 décembre 1800, jour de Noël, effrayé de l'attentat commis contre le 1er. Consul, M. Clément sollicite de nouveau les prières de son diocèse pour la conservation des jours de celui « que Dieu avoit
» chargé de ses victoires pour nous conduire à la
» paix; de celui qui seul, dans l'intérieur de la
» France , est le père de tous les François, leur loi
» vivante, le puissant Protecteur de la Religion et
» des Eglises. Que ne devons-nous pas, ajoute-t-il,
» offrir à Dieu de prières et de vœux pour la conser-
» vation de cette tête à qui tant d'intérêts sont con-
» fiés ! Ce qu'il professe (et qu'ignore tout le monde),
» c'est qu'il faut aux hommes une Religion, et une
» Religion révélée ; qu'on ne peut croire à la pro-

» bité de celui qui dit ne savoir d'où il vient, et où
» il va ; qu'il n'y a enfin que la Religion catholique
» qui communique aux hommes cette lumière si
» essentielle. »

XXXIII. Le 15 Mars 1801, M. Clément ordonna
un *Te Deum* pour la paix, mais dès les premières
annonces des préliminaires, il avoit publié un Mandement où il peint avec énergie les sentimens dont
il étoit animé.

« Dans toutes les occasions qui ont intéressé la
gloire et le bonheur de la patrie, nous n'avons cessé,
N. T. C. F., de vous faire entendre la voix de la
Religion. Quelle a été en effet la sollicitude de cette
tendre mère au milieu des grands événemens dont
nous venons d'être témoins ? Oubliant ses propres
malheurs, et les outrages dont elle étoit le continuel
objet, dans un pays qui lui a été si cher, et qui lui
devoit ses plus antiques et ses plus utiles institutions,
perdant de vue le dépouillement de ses Autels, le
renversement de ses Temples, le massacre de ses
Prêtres, la longue chaîne de calamités réservées à
ceux qui avoient échappé aux bourreaux, elle a intimé
de nouveau à tous ses ministres le précepte divin
d'obéir aux lois, et de respecter les autorités, lors même
qu'elles abusoient du pouvoir qui leur étoit confié :
elle a fait à ses plus jeunes enfans un devoir de voler
au secours de leur patrie, et de soutenir leur dévouement, leur intrépidité au milieu des combats. »

« Mais fut-il jamais de circonstance aussi favorable
pour faire entendre notre voix ? Nos invincibles pha-
langes ont franchi tous les obstacles, renversé toutes
les barrières opposées à leur valeur : elles ont pour ainsi
dire dévoré les dangers. Leurs victoires qui ont retenti
dans l'Univers, retentiront dans les siècles futurs ; ces
armées de héros, conduites par des généraux dignes
d'elles, et surtout par celui qui, revêtu de la première

magistrature, est au gouvernail de l'Etat, se sont constituées à jamais créancières de la gloire. Elles couronnent leurs travaux en commandant la paix. »

« La guerre, qui est un état contre nature, isole les peuples : les membres de la grande famille semblent alors abjurer le nom et les sentimens de frères, pour se traiter en ennemis. La haine et la défiance, armées sur toutes les frontières, repoussent l'étranger, ou ne l'admettent qu'en l'entourant de soupçons ; mais il est arrivé le moment où les frontières ne sont plus que le passage d'une contrée à l'autre. La paix embrasse les chaînes des Pyrénées, des Alpes, et les rives des fleuves qui nous séparent d'autres régions. Le chant triomphal retentit des bords de l'Ebre à ceux de la Neva : des peuples rapprochés par les sentimens de l'amitié et de leurs intérêts respectifs, étendent les uns vers les autres leurs mains fraternelles........ »

« Un seul gouvernement violateur de tous les droits, chargé de tous les attentats, calomnie par sa conduite la nation sur laquelle il pèse. Il méconnoît et foule aux pieds toutes les notions de justice et de morale. Mais déjà l'on peut entrevoir l'époque où le tyran des mers courbera la tête devant la majesté des autres peuples. Alors nos pavillons respectés franchiront librement l'abîme des eaux pour visiter les François d'outre-mer, pour rendre sa gloire à cette contrée que fertilise le Nil, témoin jadis des merveilles opérées par le Ciel en faveur des Hébreux, à cette contrée couverte encore de tant de monumens et de souvenirs. »

« La providence a voulu que la chaîne des besoins respectifs des nations fût, pour elle, le lien de l'amitié. Bientôt, sous l'égide de la paix, rien n'arrêtera des spéculations commerciales qui, déployant toute leur énergie, les mettront à portée de faire un doux

échange de productions et de sentimens de bienveillance. Travailler au bonheur mutuel est une obligation
solidaire entre les peuples, et malheur à celui qui
voudroit fonder sa prospérité précaire sur la détresse
des autres. »

« La guerre consomme sans reproduire, la paix re-
produit en économisant sur la consommation. L'agri-
culture et le commerce, qui sont les deux mamelles
de l'Etat, alimenteront toutes les parties du corps social.
Un célèbre défenseur de la Religion, Pascal, disoit
qu'un canal est un chemin qui marche; des canaux vont
s'ouvrir pour servir de véhicule aux produits de l'in-
dustrie, et faciliter la circulation de tous les objets
premiers ou secondaires de nos besoins ; d'immenses
capitaux, qu'absorboient les dépenses indispensables
de la guerre, iront vivifier toutes les branches d'administration publique. Rentrés dans leurs foyers, nos
guerriers consoleront leur mère, leur épouse, leurs
frères, ils recueilleront l'expression de notre reconnoissance. Des familles mutilées sècheront leurs
pleurs, et confondront leurs sentimens dans celui de
l'allégresse générale. »

« Pouvons-nous espérer qu'insensiblement se cica-
triseront les plaies profondes que l'irréligion à faites
aux mœurs ?...... Puisse l'éducation chrétienne trans-
mettre aux hommes de l'avenir l'héritage de la religion et des mœurs, la piété sanctifier les vertus ci-
viques, et la paix de l'Etat se consolider par celle de
l'Eglise....... »

« *La paix de l'Eglise*..... Depuis long-tems elle
auroit tari de fatales divisions, si l'on eut partagé les
affections dont nous fûmes toujours animés, si l'on
n'avoit pas toujours repoussé nos invitations et nos
embrassemens. »

« Avons-nous omis une seule occasion, un seul
moyen d'inculquer ces sentimens de charité et d'u-

nion, dont J. C. nous a donné le précepte et l'exemple,
et que les Apôtres avoient recueilli sur les lèvres et dans
la conduite du divin maître. Nos Lettres pastorales,
nos Synodes, nos Conciles, en un mot, nos discours,
nos actions et nos écrits, tout dépose en notre faveur ; nous avons multiplié les tentatives de réunion à
tel point, que quelquefois on a pris pour un symptôme
de foiblesse de notre part, ce qui n'étoit que l'élan
de la tendresse, poussé à son dernier période. »

M. Clément établit ensuite les raisons qui ont
dirigé la conduite du Clergé constitutionnel.

« Vainement, dit-il, on a semé contre nous dans
toute l'Europe toutes les impostures que pouvoit in-
venter la haine ; les hommes droits ont senti qu'un
jugement seroit frappé de nullité, s'il n'étoit assis que
sur les allégations d'une des parties contendantes,
et beaucoup d'entr'eux, après s'être assurés des faits,
nous ont donné des gages touchans de leur union. »

« Nous cédâmes aux vœux des fidèles qui nous ap-
peloient aux vœux de l'autorité nationale, aux vœux
de la Religion qui nous imposoit le devoir de ne pas
laisser le peuple à l'abandon, et comme Dieu se sert
de qui il lui plaît pour opérer sa volonté, nous fûmes
les ministres qu'il employa pour conserver en France
la Religion qui, sans nous, eût fui cette belle portion
de la catholicité........ »

« Nous avons applaudi aux réformes sous lesquelles
s'écrouloit le Concordat de François I", qui fut l'objet
constant de la censure et des réclamations de tous
les bons esprits, aux prétentions, aux abus introduits
par le code scandaleux des fausses décrétales ; nous
avons constamment opposé le boulevard des libertés
gallicanes, et dans le premier des Evêques, nous
avons toujours su respecter la primauté d'honneur et
de jurisdiction, sans l'aduler. Pouvions-nous errer
lorsque nous suivions la route que nous montroit toute

l'antiquité, et dans laquelle nous devançoit Bossuet à la tête de l'Eglise Gallicane. »

« Telle est la doctrine à laquelle nous sommes inviolablement attachés....... Dans nos écrits, dans notre conduite on trouvera des preuves multipliées de notre dévouement à l'Eglise catholique, apostolique et à son chef ; attachés à nos devoirs comme chrétiens, comme pasteurs, comme citoyens, enfans de la Religion et de la République, que nous chérissons, nous rendrons toujours *à Dieu ce qui est à Dieu , et à Cézar ce qui est à Cézar.* »

« Pouvions-nous clore cette lettre d'une manière plus conforme à nos désirs, plus édifiante pour tous les chrétiens, qu'en réitérant notre invitation solemnelle à la paix. Au moment où toutes les puissances politiques se donnent la main, sera-t-il dit que la paix ne peut s'établir parmi ceux qui se disent ministres de paix. »

« Enfans du même Dieu , professant la même foi, rachetés du même sang, nourris des mêmes sacremens, revêtus du même sacerdoce, frères toujours chéris, nous vous en supplions de nouveau, venez éteindre dans nos embrassemens le souvenir des peines que nous avons tous éprouvées, et des préventions qui avoient éloigné les esprits ou aigri les cœurs ; la charité ne se trouve que là où est la vérité ; charité et vérité, c'est le cri de l'Evangile. Nous aimons à espérer qu'il retentira dans vos ames, que la patrie vous verra réunis autour des mêmes autels, cimenter la concorde entre la Religion et l'Etat , et renouveler la promesse de les aimer, de les défendre jusqu'au dernier soupir. »

XXXIV. Le premier Consul, dans son discours au Clergé de Milan , avoit prononcé son vœu de rétablir la publicité de la Religion catholique avec la discipline qui existoit avant la révolution ; cependant

M. Clément, entraîné par son zèle pour le rétablissement de la discipline des premiers siècles, et ne voyant que les anciennes lois de l'Eglise dans toute leur pureté et leur sévérité, ne cessoit de travailler à remédier à la vacance des siéges, et surtout de ceux de sa province, en sollicitant les Métropolitains de vaquer à ce soin important. Il apporta le même zèle à solliciter pour toute l'Eglise de France la convocation des Synodes, puis des Conciles provinciaux, pour parvenir, par ces dégrés hiérarchiques, à la tenue du second Concile national. Quelques obstacles qu'il éprouvât, il obtint tout ce qu'il désiroit par son activité, sa persévérance et sa fermeté à faire valoir l'autorité des décisions canoniques de l'Eglise, dont il étoit profondément instruit. La Métropole de Paris avoit résisté plus que les autres à tenir son Concile, enfin il se tint et promulgua une excellente profession de foi, qui répondoit aux principales erreurs répandues dans le sein même de l'Eglise, et qui peut mettre ce Concile de pair avec les plus célèbres Conciles de Paris.

XXXV. Le Concile national ne tarda pas à s'ouvrir ; il tint plusieurs séances ; mais bientôt les intentions connues de l'Empereur en procurèrent la dissolution, et le Concile, pour y répondre, prononça de lui-même sa clôture le 15 Août 1801, deux mois après son ouverture.

Les Evêques du Concile firent plus ; animés de l'esprit de paix, et désirant ne traverser en rien les vues de Sa Majesté concertées avec N. S. P. le Pape, pour pacifier les troubles de l'Eglise de France, en établissant un nouvel ordre de choses, ils donnèrent tous simultanément la démission de leurs siéges. M. Clément avoit déjà donné lui-même sa démission, à raison de l'inutilité et du peu de succès de ses travaux dans un âge aussi avancé. Cependant il blâma,

par plusieurs écrits, cette désertion universelle de tout
l'Episcopat d'une nation entière, désertion dont on
ne trouve aucun exemple dans l'histoire de l'Eglise,
et qu'il soupçonnoit avoir ici pour principe la légéreté,
la crainte ou la flatterie, et l'indifférence pour les
droits sacrés et l'existence même de l'Eglise Gallicane qui se trouvoit, en quelque sorte, anéantie par
la démission universelle de tout l'Episcopat. Ce n'est
pas qu'il s'opposât à la nouvelle organisation que
méditoient de concert les deux puissances spirituelle
et temporelle; au contraire, il publia, le 22 novembre
1801, un mandement qui ordonne des prières publiques pour le Congrès d'Amiens, et pour la consommation du Concordat : mais il eut voulu que les
Evêques, à qui l'on ne demandoit pas encore de démission, eussent attendu de pied ferme, dans la résolution de se soumettre au nouveau Concordat; et en
effet, dès qu'il eut paru, M. Clément en fit un éloge
très-détaillé dans un mémoire qu'il publia sur le
Concordat.

[1802.] XXXVI. Avant qu'il parut, l'ardent désir
dont il brûloit pour la pacification des troubles de
l'Eglise, se changea en transport de joie, dès qu'il eut
appris l'arrivée du Cardinal Légat : il ne put contenir
les sentimens de son cœur, et s'empressa d'écrire à
N. S. P. le Pape une lettre remplie de témoignages de
respect et de reconnoissance; il n'en resta pas là. Son
zèle pour la vérité, et pour le bien général de l'Eglise,
le porta à renouveler auprès de sa Sainteté les démarches qu'il avoit déjà faites auprès de plusieurs
Papes, et qui auroient réussi sans les morts préma-
turées qui en avoient arrêté le succès; il le supplia
donc de relever la gloire de son Pontificat en usant
du pouvoir spirituel dont Dieu l'avoit revêtu pour
écraser le monstre de l'erreur, et faire triompher la
vérité, la doctrine antique du Saint-Siége, doctrine

toujours subsistante par la déclaration formelle des Papes Alexandre VII et Clément XI de leur attachement inviolable à Saint-Augustin, malgré les Bulles et Formulaires que leur avoient extorqués les ennemis de tout bien, pour renverser sa doctrine, anéantir la révélation et la sainte tradition, ressusciter le Pélagianisme, ravager l'Eglise, et exterminer les mœurs. « Qu'il me soit permis, très-Saint Père, lui dit M. Clément, de rappeler à votre souvenir un fait touchant dont j'ai été témoin, et dont tout Rome fut frappé ; le vertueux Cardinal de Sersales, Archevêque de Naples, exprimant le plus cher de ses vœux, lors de l'adoration de Clément XIII dans son exaltation, dit à ce bon Pape : *Observez, Très-Saint Père, le prodige du moment où vous montez sur le Saint-Siége ; la religion fuyant de nos contrées est prête à abandonner l'Europe ; déjà le pied à l'étrier, elle est prête à porter son cheval en course ; arrétez-le par la bride, et ayez le bonheur de la retenir encore.* »

« Combien, ajoute M. Clément, combien, depuis cinquante ans de cette date, Très-Saint Père, vous le savez, la perversité ne s'est-elle pas accrue ! Mettez donc, avec d'autant plus d'ardeur et de fermeté, la main à la bride de ce cheval ; plein de religion comme vous l'êtes, gardez-nous du malheur qui nous menace. »

« Que votre Sainteté me permette de lui présenter de premières vues que je soumets à son jugement. »

« Toutes les fois que les Evêques de France les plus vertueux et les plus éclairés se sont proposé de rechercher les moyens d'arrêter les maux qui écrasent l'Eglise, ils ont reconnu que le plus important seroit d'obtenir du Saint-Siége ce que l'Esprit-Saint met depuis long-tems dans le cœur de tous les hommes *de desir*, la publication du décret que Paul V a dressé

en son tems sur la matière des *secours divins*. Ce
prononcé du Saint-Siége, produit d'un travail de plusieurs années, toujours conduit sous la main du souverain Pontife, mis dans son état depuis deux siècles,
demeure suspendu et remis à un tems opportun, sous
la loi d'un silence pernicieux. Quelque soient les obstacles qui s'opposent à sa publication, ce sont ces
obstacles qu'il s'agit de vaincre. Voilà, selon ces
Prélats, le seul moyen efficace de remédier aux
maux de l'Eglise, et de rendre un nouveau lustre à
sa doctrine constante et perpétuelle..... Qu'enfin, au
milieu des déplorables effets que nous éprouvons du
silence opposé à la saine doctrine renfermée dans le
décret de Paul V, on entende la *voix* certaine, *po-
sitive* et déterminée du *Saint-Siége*, contre les censures étonnantes et indéterminées qui à sa place ont
été surprises, pour couvrir la lumière des ténèbres de
l'équivoque........; alors il n'y aura plus de difficultés,
plus de choix entre cette auguste voix et de telles
censures. »

XXXVII. Dans une 3ᵉ. lettre M. Clément présente
à N. S. P. le Pape l'historique des faits depuis les
dernières sessions du Concile de Trente jusqu'à nos
jours, et démasque les intrigues successives et continuelles des Jésuites pour étouffer la saine doctrine, et
infecter tous les séminaires de leur doctrine hétérodoxe, perverse et corrompue.

M. Clément termine par insister sur l'obligation de
manifester enfin, et de ne pas tenir plus long-tems
recelé un trésor qui appartient à l'Eglise, celui des
vérités proclamées, et des erreurs condamnées par la
Bulle de Paul V.

A ce premier moyen de venir au secours de l'Eglise,
la publication de cette Bulle si long-tems retenue dans
le secret, il propose à sa Sainteté d'en puiser de nouveaux dans les développemens de Benoît XIII, de

Clément XII, et dans les derniers travaux préparés avec soin par les ordres de Benoît XIV, et de Clément XIV, conférés avec le *Saint-Office*, et qui demeurent à sa disposition.

« Mais, ajoute-t-il, que dis-je, Très-Saint Père, *des monumens préparés où vous trouverez ce fonds de doctrine irréfragable* ? C'est au moins autant en vous, en vos lumières, en votre cœur que vous le trouverez. Digne chef de l'Eglise, qui sera plus capable de développer sa doctrine, si nous avions le bonheur de vous voir présider au Concile œcuménique depuis si long-tems désiré, demandé et attendu ? »

« Peut-être n'est-elle pas éloignée, disions-nous dans nos touchans entretiens, l'époque qui consolera les vrais Chrétiens. Cette espérance s'alimente en lisant le magnifique discours sur la naissance de Jésus-Christ, que vous adressâtes à votre diocèse, étant alors Evêque d'Immola. Que ne doit-on pas attendre d'un pontife qui développe les vérités de la religion d'une manière si lumineuse, et si propre à les faire aimer; avec quelle précision il établit la différence entre les vertus purement humaines, et celles dont l'amour de Dieu est le principe; dans les choses naturelles et surnaturelles il montre partout la main du Très-Haut, l'action de sa toute-puissance, et le prix de ses grâces. »

Que n'eut pas ajouté M. Clément, si dans un moment où tant de pasteurs du premier et du second ordre proclament hardiment l'erreur Pélagienne sur le salut des enfans morts sans baptême, il eut été témoin de la conférence que sa Sainteté eut à Fontainebleau avec un théologien (*a*) sur cette matière,

---

(*a*) Le P. Lambert ; cette conversation est à la fin de l'une des quatre lettres qu'il fit imprimer contre l'*Essai sur la Tolérance*, par M. Duvoisin.

et de l'heureuse application qu'elle fit d'un passage de Saint–Augustin.

« Tout le monde s'empressera d'entendre votre auguste parole, Très-Saint Père, lorsque vous aurez donné le *vrai corps de doctrine* du salut, renversé le pervers enseignement d'une *religion* prétendue *naturelle*, aujourd'hui si répandue; fléau déplorable de la société et de l'Eglise, qu'il est tems de proscrire sans ménagement, sans aucune perfide transaction sur la nécessité de la foi en Jésus-Christ pour le salut; lorsque, glorieux du titre de premier évangéliste, de chef et père des fidèles, d'organe de l'Eglise, vous aurez rappelé les décisions doctrinales du Concile de Trente, l'impuissance de l'homme pour tout bien véritable et salutaire, le besoin de la grâce de Jésus-Christ, l'efficace de sa puissance, sur ces fondemens enfin essentiellement liés au plan constitutif de toute saine morale, le rapport des actions à Dieu par amour, et comme fin dernière; telle est en effet la doctrine du Concile de Trente sur la justification, et dont Bossuet dit dans son traité de l'amour de Dieu, *que le devoir des Evêques est de l'enseigner comme une doctrine véritable, sûre et certaine*, ET D'EMPÊCHER QU'ON EN INTRODUISE DE CONTRAIRE. »

XXXVIII. Lorsque le Concordat parut, M. Clément adressa une 4ᵉ. lettre à sa Sainteté : « nous l'avons, dit-il, aujourd'hui sous les yeux cette sage convention de votre Sainteté avec notre auguste Consul.....; elle respire partout cette justice et cette vérité que nous en attendions : j'accepte donc et j'embrasse de tout mon cœur cette heureuse solution qui doit réunir tous les François entre eux. »

Enfin, dans une cinquième et dernière lettre, M. Clément rend compte à sa Sainteté de l'administration de son diocèse, pour remplir l'engagement que contractent tous les Evêques dans leur consécration;

cette lettre est datée comme la précédente du 28
Avril 1802.

XXXIX. M. Clément ne se contenta pas de l'hommage qu'il avoit rendu au Concordat, il fit un mémoire
motivé pour en relever le mérite, et traita cette matière en habile jurisconsulte. Il débuta ainsi :

« Le Concordat consommé entre le Pape et le Gouvernement, est revêtu de toutes les formes légales et
canoniques qui établissent en France le droit public ;
il est exempt de tous les vices des Ultramontanistes ,
et repousse tous les excès qu'on s'efforce d'introduire
dans une si grande et si importante législation : enfin,
loin d'altérer la tradition et la perpétuelle consistance
du Clergé de France, ce Concordat est un nouveau
moyen qui assure à l'Eglise Gallicane d'avoir existé
dans tous les siècles comme partie intégrante de
l'Eglise universelle et indéfectible. »

Il développe ensuite chacune de ces trois considérations.

Pour prouver sa première proposition, il démontre
que, conformément aux principes des plus célèbres
jurisconsultes (et il cite en particulier des textes de
Vanespen et d'Héricourt), 1°. La loi a été présentée
à la délibération des parties intéressées, discutée et
consentie, toutes conditions requises pour des lois
données par une autorité sage à une nation libre, et
dont l'exacte observation est consignée dans l'excellent rapport de Portalis ; 2° cette loi a été promulguée
si solemnellement, qu'elle ne peut être ignorée de
ceux dont elle exige l'exécution, condition qui a
souvent manqué aux lois émanées de la Cour de
Rome.

La deuxième proposition semble démentie par la
Bulle *Qui Christi Domini vices*, et donnée à Rome
le 5 des Calendes de décembre 1802, (et qui fut
une première atteinte portée par la Cour de Rome au
Concordat),

Concordat), Bulle subreptise et non visée en France, par laquelle l'expéditionnaire de Rome, par un excès inouï d'ultramontanisme, suppose que l'Eglise Gallicane a été anéantie pour être créée de nouveau par le Pape, qui en auroit fait une église de mission, tandis que les siéges n'ont été que réunis, (opération déjà faite anciennement par Charlemagne également de concert avec le Pape,) et que les nominations des Evêques ont été ou des nominations comme en vacance du siége, ou de simples translations. Au reste, cette Bulle non visée en France se trouve elle-même anéantie et dépourvue de toute autorité et de toute existence par le premier des articles organiques de la convention, conçu en ces termes :

Aucune Bulle , Bref, rescrit........, *ni autre expédition de la Cour de Rome, même ne concernant que les particuliers, ne pourront être reçus, publiés, imprimés, ni autrement mis à exécution, sans l'autorisation du Gouvernement.*

3°. Pour démontrer l'existence non interrompue du Clergé de France, et la confirmation de l'Eglise Gallicane par le Concordat, M. Clément passe en revue les différens états de ce Clergé pendant les secousses de la révolution.

Trois époques décisives se présentent à cette discussion: Iere. époque; en remontant à l'origine de la révolution on voit que les Evêques avoient préféré offrir leurs titres dans les mains du Pape, plutôt que d'adopter la circonscription nationale des diocèses (la même qu'ils adoptent aujourd'hui,) et se retirer hors des limites de la France.

On dira : que pouvoit-il leur rester de *jurisdiction épiscopale* à exercer dans une pareille désertion ? Que pouvoit aussi la nation pour y pourvoir, lorsque la rigueur des lois civiles et canoniques ne prononçoit contre eux que des peines sévères, et que la France,

H

en perdant son Épiscopat, perdoit la bâse de son culte
religieux? Que devint alors *la perpétüelle existence
dü Clergé de France?* Le Gouvernement s'en aper-
çut, le discerna, et il montra toujours, depuis cette
époque, la sagesse de ses conseils en opposition à la
conduite illégale de l'ancien Clergé de France. Il laissa
d'abord à l'Épiscopat absent des dates et échéances
pour son retour au repentir; enfin, la nation elle-même
réduite à la nécessité de se conserver la Religion par
des moyens canoniques, eut recours aux formes anciennes les plus régulières, jointes au recours au
Saint-Siége pour la conservation de l'unité, selon qu'il
se pratiquoit dans les beaux siècles de l'Eglise, plan
admirable d'une sage et heureuse nation!

Mais revenons sur la difficulté. Que devient alors le
Clergé de France? Le voici: tandis que la partie ab-
sente du Clergé *non jugée* pouvoit prétendre ses droits
réservés, et que réclama même en son nom l'autre
partie du Clergé soumise aux lois de la patrie dans
sa première assemblée en Concile National, cette seconde partie formoit le Clergé toujours existant auquel les adversaires même ne pouvoient refuser au
moins le titre *paré* de la nécessité canonique : alors
fut évidemment conservée cette perpétuité d'Eglise
Gallicane.

2ᵉ. époque. Dix ans de possession établie ainsi par
la plus sage constitution du Clergé et du peuple, ont
procuré la tenue de deux Conciles Nationaux. Le
second tenoit depuis deux mois ses séances, lorsque
le Gouvernement lui annonce l'arrivée d'un légat du
Saint-Siége pour concourir plus efficacement à la
paix de l'Eglise de France, insinuant la *suspension*
des séances, par égard pour un ministre à qui il convenoit de les présider. Cet acte sage étoit bien éloigné
d'une *démission* générale, textuellement rejetée par
délibération commune de tous les membres assemblés

en Concile National. Alors, quelques conseils préci-
tés proposèrent aux Evêques de procéder à une *clôture* définitive du Concile, au lieu de suspension. On
se sépara, il n'y eut plus de séances, de délibérations
communes.

3°. époque: qui ne pouvoit, en cet état de diversité
d'opinions, que rendre les démarches confuses. Le
Gouvernement eut la sagesse de ne vouloir y montrer
aucun acte d'influence; dans cette étrange situation
des choses, un grand nombre d'Evêques n'adopta d'a-
bord, il est vrai, que foiblesse et asservissement, sous
prétexte d'amour de la paix, *démissions person-
nelles*, *démissions pour et au nom du Clergé*,
sans pouvoir ni autorisation, *décomposition entière
de toutes choses*, toujours sous le même prétexte
d'amour pour la paix, au point de donner ouverture
à l'entreprise d'administration de l'Eglise de France
par les Romains, mais on reconnut bientôt l'erreur,
et on revint de cet asservissement.

A ce point fut rendu public le plan d'organisation
du Concordat depuis si long-tems annoncé; la Cour du
Légat osa hazarder et ajouter la demande d'anéantis-
sement des sièges, comme préalable à ce Concordat.
Quelqu'étrange qu'elle fut à l'esprit et au texte de la loi
comme au but essentiel de la concorde, on ne parle
plus que de *révocation des sermens* prêtés à la constitution nationale, de *repentir* d'une organisation
soutenue pendant dix ans, *d'absolutions* à genoux de-
mandées et données avec injonction de pénitence;
enfin on transigea en se contentant sur ce point de
pure expression équivoque de *désertion* de son état,
pour obtenir d'être employé dans la nouvelle organisation. Mais presque tous les prélats fermement attachés à l'exactitude des principes sont restés sans emploi et sans place; ne peut-on pas dire que si tous
prétendent conserver la perpétuité du Clergé de

France, ceux-ci seuls y ajoutent de conserver soli-
dairement l'honneur de l'Eglise Gallicane; fidèles aux
principes que le Gouvernement a développés dans
les discours du ministre de la police ecclésiastique,
Dieu veuille rapprocher dans la concorde à l'unité
de ces principes, tous les Evêques remplis de l'amour
de la paix, et de l'attachement à l'Eglise Gallicane;
Evêques rentrés avec attachement à leur patrie,
Evêques demeurés dans l'inaction de leur place,
Evêques formés par la constitution nationale, Evêques
procurés selon le plan du Concordat, Evêques enfin
des provinces acquises à la nation par ses traités.

L'état du Clergé qui se trouvoit si uni avant la sé-
paration du Concile, n'a été ébranlé que par la cessation de son rassemblement; il ne reviendra fort que
par son rassemblement qui, d'ailleurs, est essentiel
pour la formation de tout corps composé de tant de
parties différentes et hétérogènes.

La concorde canonique et l'amour du bien public
rétabliront toutes choses.

Il restoit à examiner un point important sur lequel
le Concordat se trouvoit en contraste avec les principes fondamentaux de la discipline ancienne que
M. Clément avoit adoptée, c'est le *choix des sujets
à placer dans l'Episcopat*. Cet article, dit M.
Clément, exige de la fermeté dans le principe, et un
sage discernement dans les conséquences. Le principe
certain, universellement établi par les Canons dans
les premiers tems, et pour tous les siècles, c'est que
les Evêques doivent être donnés aux Eglises, par le
choix du Clergé et du peuple; ce principe est con-
sacré aujourd'hui par le vœu national, par la procla-
mation des deux derniers Conciles de France, et par
l'article XXIV. du réglement de la circonscription
même, où le Gouvernement et le Pape sont convenus
que ceux qui seront choisis pour l'enseignement dans

les Séminaires, souscriront la déclaration faite par le Clergé de France en 1682 , et se soumettront à enseigner la doctrine qui y est contenue de soumission aux anciens Canons.

Mais un sage discernement observe qu'en une matière mixte, telle que celle des élections, il y a des exceptions qui confirment la règle, toujours pour atteindre au même but qui est le salut du peuple : c'est que 1.° il y a tel tems où le Souverain en possession des Élections les a renvoyées en droit, et aux instances du peuple. 2.° Lorsque le peuple, se sentant réduit par la crise des divisions à l'impossibilité de s'accorder sur les élections épiscopales, en remet par un sage compromis la disposition impartiale à un Chef qui se montre animé de l'amour de la Religion et du salut du peuple. C'est le cas du Concordat actuel. De telles variations de discipline n'altèrent point le principe indéfectible de la première tradition. Mais chaque Église étant chargée de son propre gouvernement, l'Ultramontain n'y trouve pas d'entrée à ses prétentions *d'élection* de sa part, non plus qu'à une *institution* réelle des Evêques, qui est contraire à la constitution essentielle de l'Église, et même constamment repoussée par toute l'Église d'Orient. Ce que l'Église universelle reconnoît à cet égard, ce n'est que l'amitié du Chef, l'obligation de lui être attaché, et son droit d'adresser la parole à toutes les Eglises. *Pertinet ad omnes Ecclesias.*

M. Clément connoissoit particulièrement la Cour de Rome, ayant assez long-tems vécu à Rome dans l'intimité de plusieurs Cardinaux, savans, amis de la vérité, et ennemis de tout ce qui est contraire au véritable esprit du Saint-Siége. Il n'est donc pas étonnant qu'il ait été presque le seul qui ait saisi le piége de l'ambition Romaine qui vouloit subjuguer l'Église de France, l'anéantir et dominer seule dans

cette vaste contrée par des Evêques qui ne seroient
que ses subdélégués. Tous les Evêques prétendans à
être replacés ont consenti, sans le savoir, à cet
avilissement, et l'Eglise Gallicane étoit perdue par
les menées sourdes et l'inquisition secrette et subrep-
tice de la Cour de Rome, sans la sagesse et la
vigueur du Gouvernement François.

[1805.] XL. Pénétré de ces vues, M. Clément fit
encore plusieurs écrits, l'un est intitulé l'Episcopat
de France, et contient un catalogue de tous les
Evêques anciens et nouveaux : dans un autre il
s'élève fortement contre M. Charrier de la Roche
qui lui avoit succédé à l'Evêché de Versailles, et
qui entrant dans les vues de la Cour de Rome, avoit
dans son premier Mandement pris le titre de premier
Evêque de Versailles. Il eut encore une occasion
de soutenir la dignité de son caractère épiscopal
contre une insulte qui lui avoit été faite personnel-
lement. Une incommodité grave l'ayant saisi subi-
tement, en juin 1805, il resta six heures sans
connoissance : on le crut en danger de mort, et
on courut à la Paroisse demander l'extrême-onction.
Le Prêtre répondit qu'il vouloit auparavant avoir un
entretien, un tête-à-tête, pour rétractation du serment
constitutionnel du Clergé , ce qui étoit un véritable
refus pour une personne privée de connoissance. Le
malade, revenu à lui-même, et instruit de ce qui
s'étoit passé, adressa à son Eminence le Cardinal
du Belloy, Archevêque de Paris, une déclaration
imprimée, sur la canonicité de l'Etat Constitutionnel
du Clergé de France, conçue en ces termes : « Ne
voyant dans l'acte demandé (par le Prêtre requis
de venir m'administrer les saintes-huiles) que l'infraction parjure d'un serment légitime commandé,
et dû aux autorités constituées de l'Eglise, et de
l'Etat, je crois devoir plutôt confirmer un si saint
engagement, et vû le danger d'une pareille vexation

devoir me réserver le droit de recours à une autre Paroisse pacifique de cette Ville , qu'indiquera l'ordre de
son sage Pasteur; plus porter *mon appel comme d'abus*
du fait comme une cause qui est déjà pendante au
Concile général, tant pour ce que je dois à la canonicité
de mon caractère, à l'honneur que j'ai d'être membre
de l'Eglise Gallicane, à la paix de l'Eglise et de l'Etat ,
qu'à la défense du Concordat même , auquel on
attribue injustement les intentions les plus illégales.

Je présente cette déclaration aux autorités constituées et au premier Tribunal national, spécialement
pour faire droit dans l'ordre public à ce qu'exige un
trouble aussi violent , un délit qui devient trop
commun, et que l'autorité seule peut arrêter et
réprimer.

Fait à Paris le 14 juin 1803. Signé CLÉMENT,
ancien Evêque de Versailles.

A cette déclaration il joignit une lettre à son
Eminence pour l'instruire du fait, et le prier de lui
indiquer une autre Paroisse à laquelle il put recourir
dans une autre occasion. En même-tems il écrivit à
M. de Mons , Grand Vicaire , dont il reçut la réponse suivante.

« Monsieur, Son Eminence a pris des précautions pour
» que vous ne fussiez plus dans le cas de former des
» plaintes. Le Ministre des Cultes lui a écrit à ce
» sujet, il lui a répondu qu'il n'a d'autre désir que
» d'entretenir la paix, et qu'il seroit fort aise de
» vous en donner des preuves quand l'occasion s'en
» présentera. »

En effet, M. le Grand-Juge , sur la vue de la déclaration ci-dessus, l'avoit communiquée à M. Portalis , et celui-ci à l'Archevêque qui répondit,
qu'après en avoir pris les renseignemens nécessaires , il y mettroit bon ordre.

Ce combat fut le dernier que M. Clément eut à

H 4

livrer. Un dernier devoir qu'il crut avoir à remplir, après avoir fait imprimer ses voyages en Espagne et en Italie , 5 vol. in-8°., ce fut de publier séparément le projet de Bulle concertée avec les plus habiles Théologiens pour éclaircir tous les points de Doctrine obscurcis et disputés depuis plus de deux siècles, et rendre ainsi la paix à l'Eglise, projet que Clément XIV. étoit sur le point d'adopter, lorsqu'il fut enlevé par une mort prématurée.

Après avoir rendu ce dernier devoir à l'Eglise, persuadé que celle de France alloit être pacifiée, au moins quant aux troubles extérieurs, par le nouvel ordre de choses, et que Dieu n'exigeoit plus rien de son ministère épiscopal, il ne s'occupa plus que de se préparer à l'eternité, toujours pénétré des plus tendres sentimens pour l'Eglise, dont il s'entretint jusqu'aux derniers momens. Dans ses instans de loisir, ce qui montre la paix dont il jouissoit, après de si longs et de si continuels orages, il travailla à quelques objets de littérature, et fit imprimer un petit écrit sur les antiquités de Creteil, proche Paris, son lieu natal. L'origine de cette Paroisse, dit M. Clément, date du tems de Saint-Denis. Là, dans le même tems, les martyrs Saint-Agoard et Saint-Aglibert scellèrent de leur sang leur foi en Jésus-Christ. Là en effet s'étoit formé au-devant de la Ville de Lutèce, le rassemblement des premiers Chrétiens. Ils l'immortalisèrent en lui donnant le nom de *Créteil* pour *Christeuil*, en latin *Christi Villa* ou *Vicus*. Ce bourg eut alors la liberté des Cultes sous Constantin. La Ville principale, encore payenne, opposa à cet honorable nom celui de *Parisis* en l'honneur de son Temple d'Isis placé à Issi au couchant de cette Ville, par-Isis, proche du Temple d'Isis. L'Eglise que l'on bâtit sur la tombe des Saints Martyrs porta d'abord, comme la Cathédrale de Paris, le nom de Saint-Christophe. C'étoit celui qui flattoit alors le plus l'émulation des Chrétiens, depuis que l'illustre Saint-Ignace d'Antioche avoit pris le nom de *Christophe* ou *Porte Christ*..........

Un autre écrit beaucoup plus savant fut adressé aux Sociétés Académiques, sous le titre de *mémoire sur la partie du Globe de la Terre, qui a été long-tems découverte et habitée sous le nom de l'Athlantide, et depuis disparue sous les eaux.* Dans ce mémoire, M. Clément fait concourir le récit exact de la Genèse de Moyse, avec les faits hazardés cités par Platon qui les tenoit d'une ancienne tradition, et après beaucoup de preuves savantes, il conclut que le pays d'Eden, ou le Paradis terrestre, étoit le terrein couvert aujourd'hui par la Méditerranée.

Enfin le moment arriva où Dieu voulut récompenser son serviteur de toutes les vertus qu'il lui avoit données et des travaux qu'il avoit endurés pour le bien de l'Eglise, et pour le soutien des vérités les plus importantes de la Religion.

[1804.] XLI. Le 11 mars. Le matin il eut une longue conversation avec un ami, sur les biens et les maux de l'Eglise : l'après-midi après avoir fait sa promenade à l'ordinaire, à la suite de son dîner, il rentra, se mit dans son fauteuil, et perdit aussitôt connoissance. Elle ne revint point, et le surlendemain il s'endormit dans le Seigneur, le 13 mars 1804, âgé de 87 ans, avec une paix qui est le caractère des justes, et qui reluisoit sur son visage même après sa mort.

Cette mort précieuse aux yeux de Dieu, excita les plus vifs regrets parmi les gens de bien. On repassoit dans sa vie les exemples de toutes les vertus, et sur-tout l'heureux assemblage de celles qui paroissent le plus opposées, de sa douceur, de sa charité et de son humilité presqu'inimitables, jointes à une force et un courage héroïque malgré la foiblesse d'un corps qui sembloit n'avoir qu'un souffle de vie. On se communiquoit l'un à l'autre et on admiroit la vérité d'un eloge que lui avoit adressé de son vivant un des plus savans , et des plus respectables Curés du Diocèse d'Auxerre , M. Reynaud , Curé de Vaux. C'étoit en lui offrant la dédicace d'un ouvrage dont l'entreprise étoit difficile. « Cependant , dit l'auteur, je l'ai fait, et ce qui » n'est pas moins hardi , c'est de vous, Monsieur, » que je dois attendre l'excuse de ma témérité. » Comment , en effet , n'aurois-je point été tenté » d'entreprendre au-dessus de mes forces , en vous » voyant surpasser les vôtres dans une infinité d'occa- » sions pour l'avantage de l'Eglise. Vous avez cherché » en vain à vous envelopper du voile de l'humi- » lité ; chacun est devenu, au grand regret de » votre modestie, Prophète à votre égard , et a vu » avec admiration qu'avec une constitution très- » délicate, une santé chancelante, vous avez par- » couru une partie de l'Europe pour le bien de » cette sainte Mère. Votre zèle vous a fait former » des plans également vastes et profonds, que votre » prudence a su combiner avec une infinité d'obs- » tacles qu'offroit de toutes parts l'état actuel de » l'Eglise. Si vos desseins n'ont point eu tout » l'heureux succès que votre piété en attendoit, » on doit s'en prendre à la stérilité du terrein que » vous avez parcouru. Je n'avance rien de trop. » Dans un meilleur tems vous auriez fait des pro- » diges. Depuis près de vingt-quatre ans que j'ai » l'honneur de vous connoitre, j'ai eu le tems » d'étudier les talens que Dieu vous a donnés. Être » prêt à toute bonne œuvre, comme l'ordonne » l'Apôtre , préférer toujours les plus utiles aux » moindres, celles qui sont fécondes par leurs heu- » reuses suites à celles qui n'ont qu'un avantage » borné ; examiner avant que d'agir , et rendre utile

» l'examen par de prudentes consultations ; tourner
» ses projets dans tous les sens possibles, et les
» essayer pour ainsi dire à tous les inconvéniens
» prévus ; couvrir ses démarches d'un profond
» secret, et ne plus reculer après une dernière
» délibération, être plein de courage dans l'adversité,
» et humble dans la prospérité, et dans tous les
» états conserver la douceur de l'esprit, la tran-
» quillité du cœur, la politesse et l'affabilité dans
» les manières, telle a été votre vie depuis que j'ai
» l'honneur de vous connoître. Je ne parle point
» de cette piété éclairée qui fait l'ame de toutes
» vos démarches, de cet amour de la vérité et de
» la justice qui caractérise toutes vos entreprises,
» et qui est comme héréditaire dans votre famille ;
» de cette simplicité et de cet éloignement du faste
» qu'on a toujours remarqué en vous, de cette
» vie frugale, ou pour mieux dire pénitente
» que vous menez depuis tant d'années ; je ne
» dis rien non plus du discernement des esprits
» que Dieu vous a donné dans un dégré supérieur,
» don qui vous fait voir d'un coup-d'œil prompt
» et perçant le fort et le foible de ceux avec
» qui vous avez à traiter, et qui vous fait trouver
» dans les ténèbres, dont ils voudroient s'en-
» velopper, les lumières pour les mieux connoître :
» non, je ne dis rien de toutes ces grandes qua-
» lités. Ce n'est pas à moi, Monsieur, à vous
» faire votre éloge. Un objet plus proportionné s'offre
» à mon esprit, c'est la charité que vous avez exercée
» à mon égard. Je laisse aux pauvres, à la veuve, à
» l'orphelin à louer vos aumônes. Je laisse aux
» pensions, aux écoles, aux collèges à louer vos
» services. Je laisse aux jeunes gens, à un grand
» nombre d'ecclésiastiques dont vous avez secondé
» les talens, sur-tout au Diocèse d'Auxerre, à
» publier l'ardeur de votre zèle. Je me renferme en

» moi-même. Vous êtes mon père .... Je contribue
», par conséquent plus que tout autre à la beauté
». de votre couronne ..... »

Tel étoit le tableau du vénérable défunt, que traçoit
dès 1770, un des hommes qui se connoissoit le plus
en vrai mérite. Tous les traits parurent de la plus
grande exactitude à ceux qui vinrent assister aux
obsèques. Elles se firent avec la pompe la plus
majestueuse. On le mit dans son cercueil à visage
découvert, revêtu de ses habits pontificaux, précédé
de deux Clercs qui portoient l'un sa croix, l'autre
sa crosse. Transporté à sa Paroisse Saint-Jacques du
Haut-Pas, on y fit un service des plus solemnels,
après lequel on lui fit faire processionnellement le
tour de l'Eglise, et il fut transporté à bras au cimetière de Sainte-Catherine ; quatre Evêques portant
les quatre coins du poêle. C'étoit un spectacle touchant de voir la majestueuse simplicité de cette
pompe funèbre ; le pieux et respectueux silence du
nombreux cortège qui l'accompagnoit. On croyoit
voir une sainte famille autour d'un père, que tous
aimoient tendrement, et qui ne pouvoient se lasser
de jeter pour la dernière fois les yeux sur un visage
qui sembloit encore leur parler, sur un corps qu'ils
regardoient comme le Temple du Saint-Esprit, et
dont ils se persuadoient pouvoir encore recevoir
quelqu'influence.

XLII. Arrivé au Cimetière Sainte-Catherine,
tandis qu'on mettoit en terre le précieux dépôt,
tous à genoux récitoient ensemble avec attendris-
sement les prières accoutumées, après lesquelles
l'un des Evêques présens, M. Grégoire, prononça
sur la tombe cette courte oraison funèbre.

« Révérendissimes Evêques, vénérables Prêtres,
» vertueuse Famille, pieux Fidèles, quitterons-
» nous la tombe de l'homme de bien dont nous

» rendons les dépouilles mortelles à la terre sans
» rappeller ce qu'il a été, ce qu'il a fait ?

» M. Clément, ancien Evêque de Versailles, étoit
» issu d'une famille distinguée dans le faste de la
» Religion, et dans ceux de la Magistrature. Il hérita
» de ses pères, l'amour de la piété, et de la science
» ecclésiastique ; ce double point de vue indique
» l'occupation de toute sa vie. Les gens du monde,
» qui malheureusement ne considèrent les choses
» que d'un œil profane, respectoient en lui la
» candeur de la vertu, une éducation cultivée,
» un esprit orné ; ces qualités heureuses étoient
» encore relevées par la modestie ; mais les hommes
» religieux admiroient dans M. Clément, les trésors
» de la grâce dont le Ciel l'avoit enrichi. Devenu
» Chanoine et Trésorier de l'Eglise Cathédrale
» d'Auxerre, il fut le confident et l'ami du célèbre
» Prélat qui occupoit le Siége (1). Il recueillit ses
» volontés dernières, et ses derniers soupirs.

» A cette époque, M. Clément entra dans la
» carrière littéraire, et par divers Opuscules, aux-
» quels son humilité ne lui a pas permis de mettre
» son nom, il attaqua l'incrédulité qui vouloit
» ébranler les fondemens du Catholicisme, et la
» faction non moins dangereuse, qui aux vérités
» saintes de la Religion vouloit associer une doc-
» trine perverse, et une morale relâchée.

» M. Clément fut contemporain d'une partie des
» troubles qui dans le siecle dernier agitèrent l'Eglise
» Gallicane. Non content d'en gémir, il en chercha
» les remèdes. Divers mémoires qui ont vu le jour,
» attestent les efforts de cet ange de paix, pour
» obtenir du Saint-Siége une déclaration de Doctrine
» qui en étouffant l'aigreur des esprits, eut opéré la
» réunion. On voit dans ses ouvrages que toujours

M. de Caylus.

» respectueusement attaché au successeur de Saint-
» Pierre, sans admettre les prétentions exagérées
» d'une Cour mondaine, il se tint ferme sur la
» limite qui sépare l'autorité légitime de l'abus que
» l'on en peut faire. Les diverses portions de la
» Catholicité, quelque part qu'elles soient éparses
» sur le globe, ne composent qu'une Famille dont
» J. C. est le Chef invisible, et dont le Pontife
» de Rome est le Chef visible. Elles doivent s'aimer,
» se secourir mutuellement, non-seulement par
» leurs prières, mais encore par tous les genres de
» sacrifices effectifs qui sont en leur pouvoir.

» Malheureusement, chez la plupart des Chré-
» tiens, ce principe trop peu senti n'est qu'une
» théorie. Le respectable M. Clément la réduisit
» habituellement en pratique; dans cette vue il se
» lia d'amitié avec une foule de savans Théologiens
» étrangers, tant Evêques que Prêtres, et devint
» le centre d'une correspondance étendue. Le même
» motif le conduisit quatre fois en Hollande, une
» fois en Espagne, deux fois en Italie; les détails
» de ces deux derniers voyages sont consignés dans
» l'ouvrage aussi instructif qu'édifiant, publié en
» trois volumes, quelques années avant sa mort.

» Lorsque l'impiété, brisant toutes les barrières
» qui s'opposoient à ses entreprises, profana nos
» Temples, détruisit nos autels, et vouloit arracher
» au Peuple François sa Religion et son Dieu,
» M. Clément fut comme les Apôtres trouvé digne
» de souffrir pour le nom de Jésus; il fut traîné
» dans les cachots; dès qu'il en sortit, il s'empressa
» de joindre ses amis, Evêques et Prêtres, qui tous,
» oppressés de douleur à l'aspect de tant de sacri-
» léges, après avoir invoqué l'assistance du Ciel,
» formèrent le projet de relever les ruines du Sanc-
» tuaire. Une foule de bons écrits, composés, publiés
» par eux, disséminés dans tous les Diocèses, y

» réveillèrent le zèle, encouragèrent les Pasteurs et
» leurs ouailles; on vit renaître l'exercice public
» du Culte, et la France fut agréablement surprise
» de se retrouver Chrétienne.

» Le grand âge de M. Clément ne lui parut pas
» une raison pour se dispenser de porter le poids des
» fatigues ministérielles. Appelé au Siège de Ver-
» sailles, à une époque où l'Episcopat étoit entouré
» d'épines, et hérissé de douleurs, à une époque
» où cette dignité n'offroit d'autre récompense que
» des outrages, et des persécutions, il accepta;
» c'étoit assurément un sacrifice. Institué canoni-
» quement comme son Patron Saint-Augustin, dont,
» en qualité de disciple fidèle, il soutint toujours
» la Doctrine, qui est celle de l'Eglise; institué par
» l'autorité métropolitaine, comme l'ont été pendant
» douze cents ans les Evêques de l'Eglise Catholique,
» il dévoua à ce nouveau ministère un zèle qui n'ad-
» mettoit de bornes que celles des forces physiques.

» C'est encore par amour de la paix que prêt à
» sacrifier tout, oui, tout, excepté la justice et la
» vérité, il donna sa démission, à l'époque où le
» Gouvernement forma le projet d'établir entre les
» diverses parties de l'Eglise Gallicane un rapproche-
» ment qui de notre part n'éprouva jamais aucun
» obstacle; mais la cessation de ses fonctions
» épiscopales ne fut pas le terme de ses travaux
» pour l'Eglise, dont l'amour embrâsoit son cœur;
» il les a continués jusqu'au moment où la mort
» est venue terminer sa longue et utile carrière. Il
» étoit âgé de 87 ans : il est mort plein de jours
» et de bonnes œuvres. On connoît celles qu'une
» indispensable publicité manifestoit, telles que les
» écoles qu'il avoit fondées à Auxerre, les dépenses
» qu'il consacroit à développer les talens, à seconder
» les études d'élèves destinés au Ministère ; mais

» qui nous révélera tous les bienfaits versés par lui
» dans le sein de l'indigent ? Ceux dont on a dérobé
» le secret, établissent par présomption la mesure
» de ceux dont Dieu seul fut le témoin, et dans la
» distribution desquels sa main gauche ignoroit ce
» que faisoit la droite.

» Révérendissimes Evêques, vénérables Prêtres,
» vertueuse Famille, pieux Laïcs, un grand nombre
» d'entre vous ont recueilli sur ses lèvres des dis-
» cours touchans, et dans sa conduite des exemples
» de la piété la plus tendre ; en quittant cette en-
» ceinte où son corps attend la résurrection, nous
» nous rappelerons que c'est la tombe du Juste,
» nous prierons pour lui, il priera pour nous, car
» nous avons lieu d'espérer que le Dieu de miséri-
» corde l'a reçu dans sa gloire.

» Ce jour est un jour de deuil, parce que des
» séparations de ce genre sont toujours déchirantes
» pour la nature, mais c'est aussi un jour de joie ;
» car, la mort des Saints est précieuse aux yeux
» du Seigneur.

» Et nous aussi, nous sommes en route pour l'éter-
» nité : jusqu'ici la mort n'a oublié personne. Hélas!
» il y auroit lieu de s'attrister si nous étions condamnés
» à vivre toujours dans cette terre d'exil ; mais con-
» solons-nous, notre existence ici-bas n'est que le
» berceau de la vie. Le Dieu que nous servons ne sera
» pas toujours invisible, la splendeur du jour éternel
» paroîtra.

» Achevons notre voyage avec confiance, avec une
» inquiétude chrétienne, car nous ignorons qui de
» nous le premier arrivera au terme de sa course.

» Le vénérable Vieillard que nous regrettons, laisse
» à sa famille, à ses jeunes neveux, à ses confrères,
» à ses amis, un riche héritage, l'exemple de sa
» piété et de ses vertus. »

F I N.

TABLE

DE LA VIE

DE M. CLÉMENT.

Fin de la Table.

De l'Imprimerie de COUTURIER, rue S. Jacques, N°. 51.

www.ingramcontent.com/pod-product-compliance
Lightning Source LLC
Chambersburg PA
CBHW071943100426
42737CB00046BA/2064